中等职业教育项目化教学精品教材——财经商贸类

企业财务会计综合模拟实训

Qiye Caiwu Kuaiji

主　编　杨明廉　梁　冰
副主编　林丽萍

暨南大学出版社
JINAN UNIVERSITY PRESS
中国·广州

图书在版编目（CIP）数据

企业财务会计综合模拟实训／杨明廉，梁冰主编．—广州：暨南大学出版社，2012.12（2015.1 重印）
（中等职业教育项目化教学精品教材．财经商贸类）
ISBN 978－7－5668－0381－8

Ⅰ.①企…　Ⅱ.①杨…②梁…　Ⅲ.①企业管理—财务会计—中等专业学校—教材
Ⅳ.①F275.2

中国版本图书馆 CIP 数据核字（2012）第 254230 号

出版发行：暨南大学出版社

地　址：中国广州暨南大学
电　话：总编室（8620）85221601
　　　　营销部（8620）85225284　85228291　85228292（邮购）
传　真：（8620）85221583（办公室）　85223774（营销部）
邮　编：510630
网　址：http：//www.jnupress.com　http：//press.jnu.edu.cn

排　版：广州市天河星辰文化发展部照排中心
印　刷：佛山市浩文彩色印刷有限公司

开　本：787mm×1092mm　1/16
印　张：12.25
字　数：235 千
版　次：2012 年 12 月第 1 版
印　次：2015 年 1 月第 3 次

定　价：25.00 元

前　言

随着中等职业教育教学改革的深入，加强专业课程与实践相结合，推动优质教学资源共享，提高人才培养质量成为中职教育建设的重要项目。为了进一步加快实施项目教学法的教学改革，满足中职学生财务会计教学实训的需要，提高中职毕业生在会计岗位上的动手能力和实操水平，我们在长期教学实训、教学研究的基础上，借鉴新时期企业财务会计实训的新经验，合作编写了这本《企业财务会计综合模拟实训》教材。

《企业财务会计综合模拟实训》教材适用于学生学习《基础会计》、《企业财务会计》课程后的综合模拟实训。全书内容分为两大模块：模块一简单阐述了企业财务会计的基础理论；模块二通过具体的模拟实训，引导学生熟悉并掌握会计工作流程：填制和审核凭证、设置账户、复式记账、登记账簿、成本核算、财产清查、编制财务会计报告等。

本书的突出特点是：全面、立体地向学生展示企业财务会计操作实务，引导学生在熟悉工作流程的同时，积极动手体验企业财务会计操作各个环节，促使学生不仅掌握会计核算主体工作，还全面熟悉会计核算体系的建立和会计档案的整理、装订、归档等工作。本书不仅适用于中职会计专业学生的会计实训，也可作为财会人员岗位培训及经营管理人员的参考用书。

全书由杨明廉、梁冰老师主编，主要负责全书内容体系的架构和编写；林丽萍老师担任副主编，主要负责模拟实训部分原始凭证的整理和编写；全书由杨明廉、梁冰老师审核定稿。

由于编者水平有限，书中难免有不足之处，敬请广大读者和同行批评指正。

编　者

2012 年 8 月

目 录

模块二　综合实训

模块一　基础理论

项目一　概　述

【知识目标】

1. 掌握企业财务会计的概念
2. 熟悉企业财务会计的作用
3. 了解企业生产过程及其资金运动

【技能目标】

掌握企业财务会计核算方法

企业财务会计就是通过记账、算账和报账反映和监督企业在生产经营活动中所耗费的人力、物力与财力，为企业外部管理者提供企业财务状况、经营成果和现金流量情况等信息的一种管理工作。

企业经济活动包括供应阶段、生产阶段和销售阶段，以生产为核心，为了生产出产品，就要供应相应的原材料，生产出产品后，要及时销售。在这个过程中，需要核算出原材料的采购成本、产品的生产成本和商品的销售成本。核算这些成本，不仅要知道成本总额，还要知道其单位成本和成本结构。这就是财务会计核算的重要任务之一。

企业经济活动是看得见、摸得着的，但是，企业经济活动的核心是企业资金运动，这是看不见、摸不着的。企业资金的运动是经历货币资金、储备资金、生产资金、成品资金，又回到货币资金的过程。

记载资金运动的最原始载体是原始凭证；分类记载资金运动的载体是记账凭证；分类反映企业资金运动结果的载体是会计报表。所以，学习企业财务会计，就是要学会运用会计方法，反映企业资金的来龙去脉。

任务一　企业财务会计的概念及其作用

会计是以会计凭证为依据，以货币为主要计量单位，运用一系列专门的技术方法，全面、连续、系统、综合地反映和监督企事业单位的经济活动，并向相关会计信息使用者提供符合会计法律、法规和规章制度要求的会计信息的一项管理工作。

会计是一个总体范畴，它包括企业财务会计、预算会计（政府与非营利组织会计）、管理会计等若干分支。企业财务会计是应用在各类企业经济管理活动中的一个会计分支，是以货币为主要计量单位，运用专门的会计理论、方法与技术，对企业生产经营活动的过程与生产经营活动的成果，进行连续、系统、全面、综合的记录、计算、核算和监督，并据以进行科学的分析与预测，向投资者和债权人等各方面提供准确信息，促进企业不断改善经营管理、提高经济效益的一种专门的经济管理活动。

企业财务会计主要是对企业已经发生的交易或信息事项，通过确认、计量、记录和报告等程序进行加工处理，并借助于以财务报表为主要内容的财务报告形式，向企业外部的利益集团提供以财务信息为主的经济信息。这种信息是以货币作为主要计量尺度并结合文字说明来表述的，反映了企业过去的资金运动或经济活动历史。它的作用主要表现在：

（1）有助于提供决策有用的信息，提高企业透明度，规范企业行为。企业财务会计通过其反映职能，提供有关企业财务状况、经营成果和现金流量方面的信息，是包括投资者和债权人在内的各方面利益相关者进行决策的依据。

（2）有助于企业加强经营管理，提高经济效益，促进企业可持续发展。企业经营管理水平的高低直接影响着企业的经济效益、经营成果、竞争能力和发展前景，在一定程度上决定着企业的前途和命运。

（3）有助于考核企业管理层经济责任的履行情况。企业接受了包括国家在内的所有投资者和债权人的投资，就有责任按照其预定的发展目标和要求，合理利用资源，加强经营管理，提高经济效益，接受考核和评价。

任务二　企业生产过程及其资金运动

企业是指以盈利为目的，运用各种生产要素（土地、劳动力、资本和技术等），向市场提供商品或服务，实行自主经营、自负盈亏、独立核算的具有法人资格的社会经济组织。在日常经营中，企业沿着供应、生产、销售三个经营过程发生一系列的经济活动，用现金或银行存款购买原材料进行生产储备，用原材料生产出产品，将产品对外销售，重新收回现金或银行存款，这是一般企业的生产经营过程。企业通过这个过程达到提高经济效益、提高劳动生产率和实现资产保值增值的目的。

会计所核算和监督的内容，是指企事业单位在日常经营活动或业务活动中能够以货币表现的资金活动。这种以货币表现的经济活动通常又称为价值运动或资金运动。企业的资金从货币形态开始，沿着供应、生产、销售这三个过程周而复始地不断循环。在循环过程中，经历或呈现了四种占用形态：

一是货币资金形态。企业在银行的存款和存放在保险柜里的现金都属于资金占用形态，我们称这些占用形态为货币资金形态。

二是储备资金形态。企业以盈利为目的进行生产经营，要生产产品就得进行物资储备，购买原材料等，为生产做充分的准备。当企业用现金或银行存款购买了原材料并存放在仓库里时，货币资金就转化到原材料等物资上，我们称原材料等物资所占用的资金为储备资金形态。

三是生产资金形态。企业将原材料等物资从仓库发到生产车间进行产品生产。这样，被原材料等物资所占用的储备资金就转化到车间正在生产的产品上，我们称正在加工中的产品所占用的资金为生产资金形态。

四是成品资金形态。产品在车间生产完工后，要转入产成品仓库。这样，生产资金就转化到仓库的产成品上，我们称完工产品所占用的资金为成品资金形态。

最后，企业将产成品出售，收回现金或银行存款，这样，成品资金又转化为货币资金形态。

由此可见，随着生产经营活动的进行，企业的资金分别表现为储备资金、生产资金、成品资金等不同的存在形态，最后又回到货币资金形态，这种运动过程称为资金的循环。资金周而复始地不断循环，称为资金的周转。

任务三　企业财务会计的核算方法

会计方法，指从事会计工作所使用的各种技术方法，一般包括会计核算方法、会计分析方法和会计检查方法。其中会计核算方法是会计方法中最基本的方法，下文主要介绍会计核算方法。

会计核算方法是对经济业务进行全面、连续、系统的记录和计算，为经营管理提供必要的信息所应用的方法，它是整个会计方法体系的基础。会计核算方法一般包括以下七种方法：

1. 设置账户

设置账户是对会计核算的具体内容进行分类核算和监督的一种专门方法。由于会计对象的具体内容是复杂多样的，要对其进行系统的核算和经常性监督，就必须对经济业务进行科学的分类，以便分门别类地、连续地记录，以此来取得多种不同性质、符合经营管理所需要的信息和指标。

2. 复式记账

复式记账是指对所发生的每项经济业务，以相等的金额，同时在两个或两个以上相互联系的账户中进行登记的一种记账方法。采用复式记账方法，不仅可以全面反映每一笔经济业务的来龙去脉，而且可以防止差错，便于检查账簿记录的正确性和完整性，是一种比较科学的记账方法。

3. 填制和审核凭证

会计凭证是记录经济业务，明确经济责任，作为记账依据的书面证明。正确填制和审核会计凭证，是核算和监督经济活动中财务收支的基础，是做好会计工作的前提。

4. 登记会计账簿

登记会计账簿简称记账，是以审核无误的会计凭证为依据在账簿中分类、连续、完整地记录各项经济业务，以便为经济管理提供完整、系统的各项经济业务记录和会计核算资料。账簿记录是重要的会计资料，是进行会计分析、会计检查的重要依据。

5. 成本核算

成本核算是按照一定对象归集和分配生产经营过程中发生的各种费用，以便确定该对象的总成本和单位成本的一种专门方法。产品成本是综合反映企业生产经营活动的一项重要指标。正确地进行成本核算，可以考核生产经营过程的费用支出水平，为确定企业盈亏和制定产品价格打下基础，并为企业进行经营决策提供重要的数据支撑。

6. 财产清查

财产清查是指通过盘点实物，核对账目，以查明各项财产物资实有数额的一种专门方法。通过财产清查，可以提高会计记录的准确性，保证账实相符。同时，还可以查明各项财产物资的保管和使用情况，并作为各种结算款项的执行情况，以便及时采取措施，对积压或损毁的物资和逾期未收到的款项进行清理，加强对财产物资的管理。

7. 编制财务会计报告

编制财务会计报告是以特定表格的形式，定期、总括式地反映企事业单位的经济活动情况和结果的一种专门方法。会计报表主要以账簿中的记录为依据，经过一定形式的加工整理而产生一套完整的核算指标，用来考核、分析财务计划和预算执行情况，并作为编制下期财务与预算的重要依据。

以上会计核算的七种方法，虽各有特定的含义和作用，但并不是独立的，而是相互联系，相互依存，且彼此相互制约共同构成一个完整的方法体系。在会计核算中，应正确地运用这些方法。通常在经济业务发生后，按规定的手续填制和审核凭证，并应用复式记账法在有关账簿中进行登记；期末还要对生产经营过程中发生的费用进行成本核算和财产清查，在账证、账账、账实相符的基础上，根据账簿记录编制会计报表，必须一环紧扣一环，才能保证核算工作的顺利进行。

项目二　会计凭证

【知识目标】

1. 了解会计凭证的概念和种类
2. 掌握原始凭证的基本内容、填制要求及审核内容
3. 掌握记账凭证的基本内容、填制要求及审核内容
4. 熟悉会计凭证的传递程序和保管方法
5. 熟悉经济业务的要素及分类
6. 了解会计分录的内容

【技能目标】

1. 熟练地识别原始凭证，填制和审核记账凭证
2. 能根据原始凭证编制记账凭证
3. 独立地进行会计凭证的传递、保管和装订
4. 根据原始凭证编写经济业务
5. 根据经济业务编制会计分录

任务一　会计凭证概述

会计凭证按其编制程序和用途的不同，分为原始凭证和记账凭证。原始凭证又称单据，是在经济业务最初发生时即行填制的原始书面证明，如销货发票、款项收据等。记账凭证又称记账凭单，是以审核无误的原始凭证为依据，按照经济业务事项的内容加以归类，并据以确定会计分录后所填制的会计凭证，它是登记账簿的直接依据。

任何单位每发生一项经济业务，如现金的收付、物资的进出、往来款项的结算等，经办业务的有关人员都必须按照规定的程序和要求，认真填制会计凭证，记录经济业务发生或完成的日期、经济业务的内容，并在会计凭证上签名盖章，有的凭证还需要加盖公章，以对会计凭证的真实性和正确性负责任。一切会计凭证都必须经过有关人员的严格审核，只有经过审核无误的会计凭证才能作为登记账簿的依据。会计凭证的填制和审核，对于完成会计工作，发挥会计在经济管理中的作用，具有十分重要的意义，归纳起来，有以下三个方面：

1. 会计凭证是登记账簿的依据

每个企业在生产经营过程中，会发生大量的、各种各样的经济业务。会计部门要及时、正确地记录这些经济业务，必须依据会计凭证，因而必须填制相应的会计凭证。一般来说，经济业务发生在哪里，会计凭证就在哪里填制。这样可以正确、及时地反映各项经济业务的发生及完成情况。随着经济业务的执行和完成，记载经济业务执行和完成情况的

会计凭证就按规定的流转程序最终汇集到财务会计部门，成为记账的基本依据。

2. 审核会计凭证，可以更有效地发挥会计的监督作用，使经济业务合理合法

通过会计凭证的审核，可以监督各项经济业务的合法性，检查经济业务是否符合国家的有关法规制度，是否符合企业目标和财务计划；可以检查经济业务有无违反会计制度等违法乱纪的现象，有无铺张、浪费、贪污、盗窃等损害公共财产的行为发生；可以及时发现经济管理中存在的问题和管理制度中存在的漏洞，并及时加以制止和纠正，以改善经营管理水平，提高经济效益。

3. 会计凭证可以强化经营管理上的责任制

任何一项经济业务活动，都要由经管人员填制凭证并签字盖章，这样，就便于划清职责，加强责任感；并便于发现问题，查明责任，从而有利于改善经营管理，推行经济责任制。

任务二　原始凭证

一、原始凭证的分类

原始凭证又称单据，是在经济业务发生或完成时取得或填制的，用以记录或证明经济业务的发生或完成情况的文字凭据。它不仅能用来记录经济业务发生或完成情况，还可以明确经济责任，是进行会计核算工作的原始资料和重要依据，是会计资料中最具有法律效力的一种文件。根据具体情况不同分为以下几类：

1. 按照来源不同分类

（1）外来原始凭证。同外单位发生经济往来事项时，从外单位取得的凭证。如发票，飞机和火车的票据，银行收付款通知单，企业购买商品、材料时从供货单位取得的发货单等。

（2）自制原始凭证。经济业务事项发生或完成时，由本单位内部经办部门或人员填制的凭证。如收料单、领料单、开工单、成本核算单、出库单等。

2. 按照填制手续及内容不同分类

（1）一次凭证。是指一次填制完成的原始凭证，如发货票、收款收据等。通常，一次凭证只能反映一项经济业务事项或同时发生的若干项同类经济业务事项。一次凭证使用方便灵活但凭证数量较多。

（2）累计凭证。指在一定时期不断重复地反映同类经济业务的完成情况的原始凭证，它是由经办人每次完成经济业务后在其上面重复填制而成的。累计凭证直到期末求出总数以后，才能最后完成凭证的填制手续，才作为记账的原始依据。例如企业为控制领料、减少凭证数量和简化核算手续而采用的“限额领料单”。常用的累计凭证有限额领料单、费用登记表等。

（3）汇总原始凭证。根据一定时期（如一季、一月）内若干张反映同类经济业务的原始凭证汇总编制而成的凭证。例如，根据一旬或一个月内所有的“收料单”和“发料

单”分别汇总编制的“收料凭证汇总表”和“发料凭证汇总表”。

3. 按照格式不同分类

（1）通用凭证。由有关部门统一印制、在一定范围内使用的具有统一格式和使用方法的原始凭证。如全国通用的增值税发票、银行转账结算凭证等。

（2）专用凭证。由单位自行印制、仅在本单位内部使用。

二、原始凭证的基本内容

由于各项经济业务的内容和经济管理的要求不同，各个原始凭证的名称、格式和内容也是多种多样的。但是，所有的原始凭证（包括自制的和外来的凭证），都是作为经济业务的原始证据，必须详细载明有关经济业务的发生或完成情况，必须明确经办单位和人员的经济责任。因此，各种原始凭证都应具备一些共同的基本内容。原始凭证所包括的基本内容，通常称为凭证要素，主要有（如图 2－1）：①原始凭证的名称；②凭证的编号；③填制凭证的日期；④接受凭证单位名称（抬头人）与填制单位名称；⑤经济业务简要内容；⑥金额、单价、数量等；⑦有关人员（部门负责人、经办人员）的签名盖章。

增值税专用发票 ①

全国统一发票监制章　发票联　广东　国家税务总局

№ 01646241 ②

4401022140　　③ 开票日期：　年　月　日

购货单位	名称：④ 纳税人识别号： 地址、电话： 开户行及账号：					密码区	略	
货物或应税劳务名称 ⑤ 合计	规格型号	单位 ⑥	数量 ⑥	单价 ⑥	金额 ⑥	税率 17% ⑥	税额 ⑥	
价税合计(大写)						（小写）		
销货单位	名称：④ 纳税人识别号： 地址、电话： 开户行及账号：					备注		

第二联　发票联　购货方记账凭证

⑦ 收款人：　复核：　开票人：　销货单位(盖章)：

图 2－1　增值税专用发票元素示意图

三、原始凭证的填制要求

为保证会计基础工作和全部会计核算的质量，必须真实、准确、及时地反映和记录经济业务的内容。在原始凭证填制过程中应遵守如下要求，具体示例如图2-2：

1. 记录要真实

原始凭证所填列的经济业务内容和数字，必须真实可靠，即符合国家有关政策、法令、法规、制度的要求，符合有关经济业务的实际情况，不得弄虚作假，更不得伪造凭证。

2. 内容要完整

原始凭证所要求填列的项目必须逐项填列齐全，不得遗漏和省略；必须符合手续完备的要求，经办业务的有关部门和人员要认真审核，并签名盖章。

3. 手续要完备

单位自制的原始凭证必须有经办单位领导人或者其他指定的人员签名盖章；对外开出的原始凭证必须加盖本单位公章；从外部取得的原始凭证，必须盖有填制单位的公章；从个人取得的原始凭证，必须有填制人员的签名盖章。

4. 书写要清楚、规范

原始凭证要按规定填写，文字要简要，字迹要清楚、易于辨认，不得使用未经国务院公布的简化汉字。大小写金额必须相符且填写规范，小写金额用阿拉伯数字逐个书写，不得写连笔字，在金额前要填写人民币符号“¥”，人民币符号“¥”与阿拉伯数字之间不得留有空白，金额数字一律填写到角分，无角分的，写“00”或符号“-”，有角无分的，分位写“0”，不得用符号“-”；大写金额用汉字壹、贰、叁、肆、伍、陆、柒、捌、玖、拾、佰、仟、万、亿、元、角、分、零、整等，一律用正楷或行书字书写，大写金额前未印有“人民币”字样的，应加写“人民币”三个字，“人民币”字样和大写金额之间不得留有空白，大写金额到元或角为止的，后面要写“整”或“正”字，有分的，不写“整”或“正”字。如小写金额为¥1 008.00，大写金额应写成“人民币壹仟零捌元整”。

5. 编号要连续

如果原始凭证已预先印定编号，在写坏作废时，应加盖“作废”戳记，并妥善保管，不得撕毁。

6. 不得涂改、刮擦、挖补

原始凭证有错误的，应当由出具单位重开或更正，更正处应当加盖出具单位印章。原始凭证金额有错误的，应当由出具单位重开，不得在原始凭证上更正。

7. 填制要及时

各种原始凭证一定要及时填写，并按规定的程序及时送交会计机构、会计人员进行审核。

增值税专用发票

发 票 联（全国统一发票监制章 广东 国家税务总局）

No 06214641

4401022140　　　　开票日期：20××年 12月 16日

购货单位	名　　称：K公司 纳税人识别号：440102726700647 地址、电话：广州市海珠区四季青路27号　020-83229831 开户行及账号：中国工商银行广州海珠支行　7836258466130	密码区	略

货物或应税劳务名称	规格型号	单位	数量	单价	金额	税率	税额
A产品		箱	80	2 000.00	160 000.00	17%	27 200.00
合计					¥160 000.00		¥27 200.00
价税合计(大写)	⊗拾捌万柒仟贰佰圆整						(小写)¥187 200.00

销货单位	名　　称：广州市大华有限公司 纳税人识别号：440108976453210 地址、电话：广州市越秀路9号　020-85940650 开户行及账号：中国工商银行广州越秀支行　5388279900887	备注	广州市大华有限公司 税号：440108976453210 发票专用章

第二联 发票联 购货方记账凭证

收款人：××　　复核：××　　开票人：××　　销货单位(盖章)：

图2-2　原始凭证填制示意图

四、原始凭证的审核

原始凭证必须经过会计主管人员或指定人员认真严格的逐项审查核实后，方能作为填制记账凭证和登记账簿的依据。会计人员审核原始凭证应当按照国家统一的会计制度的规定进行。

1. 原始凭证审核的主要内容

（1）审核原始凭证的合法性和真实性。审核所发生的经济业务是否符合国家有关规定的要求，有无违反财经制度的现象；原始凭证中所列的经济业务事项是否真实，有无弄虚作假的情况。如在审核原始凭证中发现有多计或少计收入、费用，擅自扩大开支范围，提高开支标准，巧立名目、虚报冒领、滥发奖金和津贴等违反财经制度和财经纪律的情况，不仅不能作为真实合法的原始凭证，而且要按规定进行处理。

（2）审核原始凭证的合理性。审核所发生的经济业务是否符合厉行节约、反对浪费、有利于提高经济效益的原则，有无违反该原则的现象。如经审核原始凭证后确定有突击使用预算结余购买不需要的物品，有对陈旧过时设备进行大修理等违反上述原则的情况，不能作为合理的原始凭证。

（3）审核原始凭证的完整性。审核原始凭证是否具备基本内容，有无应填未填或填写不清楚的现象。如经审核原始凭证后确定有未填写接受凭证单位名称，无填证单位或制证人员签章，业务内容与附件不符等情况，不能作为内容完整的原始凭证。

（4）审核原始凭证的正确性。审核原始凭证在计算方面是否存在失误。如经审核凭证后确定有业务内容摘要与数量、金额不相对应，业务所涉及的数量与单价的乘积和金额不符，金额合计错误等情况，不能作为正确的原始凭证。对于审核后的原始凭证，如发现有不符合要求，有错误或不完整之处，应当按照有关规定进行处理；如符合有关规定，就一定要根据审核无误的原始凭证来编制记账凭证。

原始凭证审核是会计核算和监督工作非常重要的一个环节，无论是会计、出纳还是单位领导，都必须各负其责，共同做好原始凭证审核各个环节的工作，共同维护国家和单位的利益。

2. 审核的重要性

由于原始凭证是反映和记录经济业务发生的书面证明，是明确经济责任和保证会计数据的合法、真实、准确、完整的关键，是进行会计核算工作的原始资料和重要依据，是会计资料中最具有法律效力的一种文件，财会人员必须严格审核，以维护财经纪律和确保会计核算的质量。

对审核原始凭证的规定包括：

（1）会计机构、会计人员应当审核原始凭证，这是法定职责。

（2）会计机构、会计人员审核原始凭证应当按照国家统一的会计制度进行，也就是说，会计机构、会计人员审核原始凭证的具体程序、要求，应当由国家统一的会计制度规定，会计机构、会计人员应当据此执行。

（3）会计机构、会计人员对不真实、不合法的原始凭证，不予受理，并向单位负责人报告，请求查明原因，追究当事人的责任；对记载不准确、不完整的原始凭证，予以退回，并要求经办人员按照国家统一的会计制度的规定进行更正、补充。这既明确了会计机构、会计人员的职责和要求，也明确了单位负责人、填制或取得原始凭证的经办人员的职责和要求。所有相关人员应当依法履行职责，保证原始凭证真实、合法、准确、完整。

五、原始凭证对错的处理

《中华人民共和国会计法》（简称《会计法》）第十四条规定：“会计机构、会计人员必须按照国家统一的会计制度的规定对原始凭证进行审核，对不真实、不合法的原始凭证有权不予接受，并向单位负责人报告；对记载不准确、不完整的原始凭证予以退回，并要求按照国家统一的会计制度的规定更正、补充。”

原始凭证记载的各项内容均不得涂改；原始凭证有错误的，应当由出具单位重开或者更正，更正处应当加盖出具单位印章；原始凭证金额有错误的，应当由出具单位重开，不得在原始凭证上更正。

1. 对不真实、不合法的原始凭证不予受理

不真实的原始凭证，是指原始凭证记录的事项与实际经济业务不符，是一种虚假的凭证；所谓不合法的原始凭证，是指原始凭证所表述的事项与经济业务相符，但经济业务本身不符合法律、法规、规章的规定。会计人员通过审核原始凭证发现了问题，应及时采取相应措施，制止、纠正和揭露经济业务的违法违纪行为。

2. 对不准确、不完整的原始凭证予以退回，要求更正、补充

所谓不准确的原始凭证是指原始凭证没有准确地表述经济活动真相，或在文字上、数

字记录上发生差错等。所谓不完整的原始凭证，是指凭证上的文字说明、有关数字没有按会计制度的要求填写齐全。在《会计法》中，对记载不准确、不完整的原始凭证只要求退回进行更正、补充，而不是不予受理。

在审核监督原始凭证时出现第二种情况比较普遍，但不要因为这样而忽略了对不真实、不合法的原始凭证的审核监督。在审核原始凭证时应着重注意以下几点：

第一，大项经济业务要审核监督审批程序，即是否经主管财务的领导批准，是否是单位正常业务工作的需要，有无超出单位业务范围之外的经济活动。

第二，对不真实不合法的原始凭证不予受理，是法律赋予会计机构、会计人员的一项重要权利，要明确权利与责任的关系，不能讲情面或瞻前顾后，应坚决依法办事。

第三，《会计法》第四条明确规定了单位领导人对会计资料的合法、真实、准确、完整负有责任。这对于审核监督原始凭证起到至关重要的作用，即要坚持单位领导人“一支笔”审核签字制度。

任务三　记账凭证

记账凭证又称记账凭单或分录凭单，是会计人员根据审核无误的原始凭证，按照经济业务事项的内容加以归类，并据以确定会计分录后所填制的会计凭证。它是登记账簿的直接依据。在实际工作中，为了便于登记账簿，需要将来自不同的单位，种类繁多、数量庞大、格式大小不一的原始凭证加以归类、整理，填制具有统一格式的记账凭证，确定会计分录并将相关的原始凭证附在记账凭证后面。

一、记账凭证的分类

记账凭证按其适用的经济业务，分为专用记账凭证和通用记账凭证两类。

1. 专用记账凭证

用来专门记录某一类经济业务的记账凭证。专用记账凭证按其所记录的经济业务与现金和银行存款的收付有无关系，又分为收款凭证、付款凭证和转账凭证三种。

（1）收款凭证。

收款凭证是用于记录库存现金和银行存款收款业务的会计凭证。它是根据有关现金和银行存款收入业务的原始凭证填制，是登记现金日记账、银行存款日记账以及有关明细账和总账等账簿的依据，也是出纳人员收讫款项的依据。

（2）付款凭证。

付款凭证是用于记录库存现金和银行存款付款业务的会计凭证。它是根据有关现金和银行存款支付业务的原始凭证填制，是登记现金日记账、银行存款日记账以及有关明细账和总账等账簿的依据，也是出纳人员付讫款项的依据。

（3）转账凭证。

转账凭证是用于记录不涉及库存现金和银行存款业务的会计凭证。它是根据有关转账业务的原始凭证填制。转账凭证是登记总分类账及有关明细分类账的依据。

2. 通用记账凭证

在日常经济业务中收、付款业务较少的单位，为了简化凭证可以使用一种格式统一的通用记账凭证来记录所发生的各种经济业务。

二、记账凭证的基本内容

记账凭证种类甚多，格式不一，但其主要作用都在于对原始凭证进行分类、整理，按照复式记账的要求，运用会计科目，编制会计分录，据以登记账簿。因此，记账凭证必须具备以下基本内容（如图2－3）：

①记账凭证的名称；②填制记账凭证的日期；③记账凭证的编号；④经济业务事项的内容摘要；⑤经济业务事项所涉及的会计科目及其记账方向；⑥经济业务事项的金额；⑦记账标记；⑧所附原始凭证张数；⑨会计主管及记账、审核、出纳、制单等有关人员的签章。

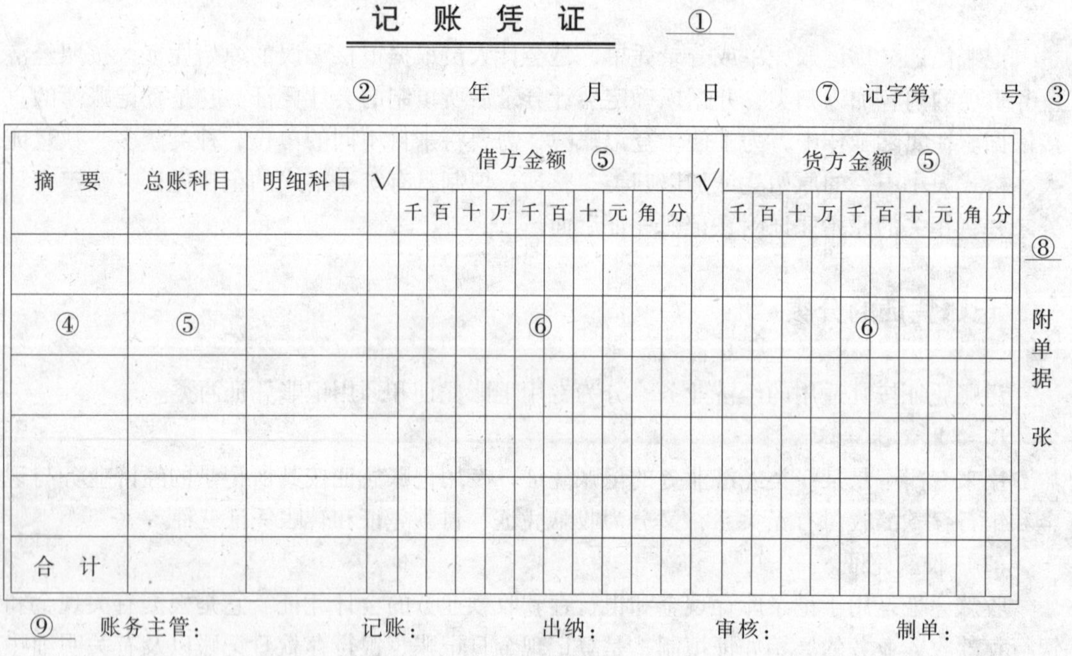

图2－3 记账凭证基本内容示意图

三、记账凭证的填制

1. 基本要求

（1）审核无误。即在对原始凭证审核无误的基础上填制记账凭证。这是内部牵制制度的一个重要环节。

（2）内容完整。即记账凭证应该包括的内容都要具备。应该注意的是：以自制的原始凭证或者原始凭证汇总表代替记账凭证使用的，也必须具备记账凭证所应有的内容；记账凭证的日期，一般为编制记账凭证当天的日期，按权责发生制原则计算收益、分配费用、结转成本利润等调整分录和结账分录的记账凭证，虽然需要到下月才能编制，仍应填写当月月末的日期，以便在当月的账内进行登记。

（3）分类正确。即根据经济业务的内容，正确区别不同类型的原始凭证，正确应用会计科目。在此基础上，记账凭证可以根据每一张原始凭证填制，或者根据若干张同类原始凭证汇总编制，也可以根据原始凭证汇总表填制；但不得将不同内容和类别的原始凭证汇总填制在一张记账凭证上。

（4）连续编号。即记账凭证应当连续编号。这有利于分清会计事项处理的先后顺序，便于记账凭证与会计账簿之间的核对，确保记账凭证的完整。

2. 具体要求

（1）除结账和更正错误，记账凭证必须附有原始凭证并注明所附原始凭证的张数。所附原始凭证张数的计算，一般以原始凭证的自然张数为准。与记账凭证中的经济业务记录有关的每一张单据，都应当作为原始凭证的附件。如果记账凭证中附有原始凭证汇总表，则应该把所附的原始凭证和原始凭证汇总表的张数一起计入附件的张数之内。但报销差旅费等的零散票券，可以粘贴在一张纸上，作为一张原始凭证。一张原始凭证如涉及几张记账凭证的，可以将该原始凭证附在一张主要的记账凭证后面，在其他记账凭证上注明该主要记账凭证的编号或者附上该原始凭证的复印件。

（2）一张原始凭证所列的支出需要由两个以上的单位共同负担时，应当由保存该原始凭证的单位开给其他应负担单位原始凭证分割单。原始凭证分割单必须具备原始凭证的基本内容，包括凭证的名称、填制凭证的日期、填制凭证单位的名称或填制人的姓名、经办人员的签名或盖章、接受凭证单位的名称、经济业务内容、数量、单价、金额和费用的分担情况。

（3）记账凭证编号的方法有多种，无论采用哪一种编号方法，都应该按月顺序编号，即每月都从 1 号编起，顺序编至月末。一笔经济业务需要填制两张或者两张以上记账凭证的，可以采用分数编号法编号，如 1 号会计事项分录需要填制三张记账凭证，就可以编成 1（1/3）、1（2/3）、1（3/3）号。还要根据本单位业务繁简程度、人员多寡和分工情况来选择便于记账、查账、内部稽核的，简单严密的编号方法。

（4）填制记账凭证时如果发生错误，应当重新填制。已经登记入账的记账凭证在当年内发现错误的，可以用红字注销法进行更正。在会计科目应用上没有错误，而只是金额错误的情况下，也可以按正确数字同错误数字之间的差额，另编一张调整记账凭证。发现以前年度的记账凭证有错误时，应当用蓝字填制一张更正的记账凭证。

（5）实行会计电算化的单位，其机制记账凭证应当符合对记账凭证的一般要求，并应认真审核，做到会计科目使用正确，数字准确无误。打印出来的机制记账凭证上，要加盖制单人员、审核人员、记账人员和会计主管人员印章或者签字，以明确责任。

（6）记账凭证填制完经济业务事项后，如有空行，应当在金额栏自最后一笔金额数字下的空行处至合计数上的空行处画线注销。

（7）正确编制会计分录并保证借贷平衡。必须根据国家统一会计制度的规定和经济业务的内容，正确使用会计科目和编制会计分录，记账凭证借、贷方的金额必须相等，合计数必须计算正确。

（8）摘要应与原始凭证内容一致，能正确反映经济业务的主要内容，表述简短精练。应能使阅读的人通过摘要就能了解该项经济业务的性质、特征，判断出会计分录的正确与否，一般不必再去翻阅原始凭证或询问有关人员。

填制举例如图2－4：

记　账　凭　证

20××年12月29日　　　　记字第××号

摘要	总账科目	明细科目	√	借方金额										√	贷方金额									
				千	百	十	万	千	百	十	元	角	分		千	百	十	万	千	百	十	元	角	分
广州市经贸展览会议中心	销售费用	产品展览费						2	0	0	0	0	0											
	银行存款	工商银行																	2	0	0	0	0	0
合计							¥	2	0	0	0	0	0					¥	2	0	0	0	0	0

附单据2张

账务主管：××　　记账：××　　出纳：××　　审核：××　　制单：××

图2－4　记账凭证

四、记账凭证的附件要求

记账凭证的附件就是所附的原始凭证，填制记账凭证所依据的原始凭证必须附在相应的记账凭证后面，并在记账凭证上标明所附原始凭证的张数。根据财政部《会计基础工作规范》（简称《规范》）第五十一条规定，应当区别不同情况对附件进行处理：

（1）可以不附原始凭证的是：结账的记账凭证；更正错误的记账凭证。

（2）一张原始凭证只对应一张记账凭证的，将原始凭证直接附在记账凭证后面。

（3）一张原始凭证涉及几张记账凭证的，有两种方法可以使用：

①将原始凭证附在一张主要的记账凭证后面。然后在其他记账凭证上注明附有该原始凭证的记账凭证的编号，便于查找；

②将原始凭证附在一张主要的记账凭证后面，然后在其他记账凭证后面附该原始凭证

的复印件。

（4）一张原始凭证所列支的费用需要几个单位共同负担的，该原始凭证由本单位保留，附在本单位的有关记账凭证后面，给共同负担费用的其他单位开出原始凭证分割单，供其结算使用。原始凭证分割单必须具备原始凭证所要求的基本内容，包括：凭证名称、填制凭证日期、填制凭证单位名称或者填制人的姓名、经办人的签名或盖章、接受凭证单位名称、经济业务的内容、数量、单价、金额和费用分摊情况。

五、记账凭证的审核

1. 审核的主要内容

（1）审核是否按已审核无误的原始凭证填制记账凭证。记录的内容与所附原始凭证是否一致，金额是否相等；所附原始凭证的张数是否与记账凭证所列附件张数相符。

（2）审核记账凭证所列会计科目（包括一级科目、明细科目）、应借、应贷方向和金额是否正确，借贷双方的金额是否平衡，明细科目金额之和与相应的总账科目的金额是否相等。

（3）审核记账凭证摘要是否填写清楚，日期、凭证编号、附件张数以及有关人员签章等各个项目填写是否齐全。若发现记账凭证的填制有差错或者填列不完整、签章不齐全，应查明原因，责令更正、补充或重填。只有经过审核无误的记账凭证，才能据以登记账簿。

所有填制好的记账凭证，都必须经过其他会计人员认真的审核。在审核记账凭证的过程中，如发现记账凭证填制有误，应当按照规定的方法及时加以更正。只有经过审核无误后的记账凭证，才能作为登记账簿的依据。记账凭证的审核主要包括以下内容：

（1）记账凭证是否附有原始凭证，记账凭证的经济内容是否与所附原始凭证的内容相同。

（2）应借应贷的会计科目（包括二级或明细科目）对应关系是否清晰，金额是否正确。

（3）记账凭证中的项目是否填制完整，摘要是否清楚，有关人员的签章是否齐全。

2. 注意事项

为了正确登记账簿和监督经济业务，除了编制记账凭证的人员应当认真负责地正确填制、加强自审以外，同时还应建立专人审核制度。如前所述，记账凭证是根据审核后的合法的原始凭证填制的。因此，记账凭证的审核，除了要对原始凭证进行复审外，还应注意以下几点：

（1）合规性审核。审核记账凭证是否附有原始凭证，原始凭证是否齐全，内容是否合法，记账凭证所记录的经济业务与所附原始凭证所反映的经济业务是否相符。

（2）技术性审核。审核记账凭证的应借、应贷科目是否正确，账户对应关系是否清晰，所使用的会计科目及其核算内容是否符合会计制度的规定，金额计算是否准确，摘要是否填写清楚、项目填写是否齐全，如日期、凭证编号、二级或明细会计科目、附件张数以及有关人员签章等。

在审核过程中，如果发现差错，应查明原因，按规定办法及时处理和更正。只有经过审核无误的记账凭证，才能据以登记账簿。

3. 审核记账凭证的重要性

审核会计凭证，是保证会计信息质量，发挥会计监督的重要手段。这是一项政策性很强的工作，要做好会计凭证的审核工作、正确发挥会计的监督作用，会计人员应当做到既要熟悉和掌握国家政策、法令、规章制度和计划、预算等有关规定，又要熟悉和了解本单位的经营情况。这样，才能明辨是非，确定哪些经济业务是合理、合法的；哪些经济业务是不合理、不合法的。会计人员应自觉地执行政策，遵守制度，正确处理各种经济关系。

任务四　会计凭证的传递、保管和装订

一、会计凭证的传递

会计凭证的传递，是指各种会计凭证从填制、取得到归档保管的全部过程，即在企事业及行政单位内部有关人员和部门之间传送、交接的过程。要规定各种凭证的填写、传递单位与凭证份数，规定会计凭证传递的程序、移交的时间、接受与保管的有关部门。

为了能够利用会计凭证，及时反映各项经济业务，提供会计信息，发挥会计监督的作用，就必须正确、及时地进行会计凭证的传递，不得积压。正确组织会计凭证的传递，对于及时处理和登记经济业务，明确经济责任，实行会计监督，具有重要作用。从一定意义上说，会计凭证的传递在单位内部经营管理各环节之间发挥协调和组织的作用。会计凭证传递程序是企业管理规章制度重要的组成部分，传递程序的科学与否，说明了该企业管理的科学程度。其作用如下：

（1）会计凭证的传递是由若干责任人共同负责，分工完成的。这有利于完善经济责任制度中经济业务的发生、完成及记录，会计凭证作为记录经济业务、明确经济责任的书面证明，体现了经济责任制度的执行情况。单位会计制度可以根据会计凭证传递程序和传递时间的规定，进一步完善经济责任制度，使各项业务的处理顺利进行。

（2）有利于及时进行会计记录，从经济业务的发生到账簿登记有一定的时间间隔，通过会计凭证的传递，使会计部门尽早了解经济业务的发生和完成情况，并通过会计部门内部的凭证传递，及时记录经济业务，进行会计核算，实行会计监督。

二、会记档案的保管

会计档案是指会计凭证、会计账簿、财务会计报告等会计核算专业资料。它是记录和反映经济业务的重要史料和证据。会计档案是国家档案的重要组成部分，也是各单位的重要档案，它是对一个单位经济活动的记录和反映。通过会计档案，可以了解每项经济业务的来龙去脉；可以检查一个单位是否遵守财经纪律，在会计资料中有无弄虚作假、违法乱纪等行为；会计档案还可以为国家、单位提供详尽的经济资料，为国家制定宏观经济政策

及单位制定经营决策提供参考。

会计档案的重要程度不同，其保管期限也有所不同。会计档案的保管期限，根据其特点，分为永久、定期两类。永久档案即长期保管，不可以销毁的档案；定期档案根据保管期限分为3年、5年、10年、15年、25年五种。会计档案的保管期限从会计年度终了后的第一天算起（表2-1）。

表2-1　会计档案保管期限表

序　号	档案名称	保管期限	备　注
一	会计凭证种类		
1	原始凭证	15年	
2	记账凭证	15年	
3	汇总凭证	15年	
二	会计账簿		
4	总账	15年	包括日记账
5	明细账	15年	
6	日记账	15年	现金和银行存款日记账保管25年
7	固定资产卡片		固定资产清理后保管5年
8	辅助账簿	15年	
三	财务报告类		包括各级主管部门汇总财务报告
9	月、季财务报告	3年	包括文字分析
10	年度财务报告（决算）	永久	包括文字分析
四	其他类		
11	会计移交清册	15年	
12	会计档案保管清册	永久	
13	会计档案销毁清册	永久	
14	银行存款余额调节表	5年	
15	银行对账单	5年	

会计凭证是重要的会计档案和经济资料，每个单位都要建立保管制度，妥善保管。对各种会计凭证要分门别类，按照编号顺序整理，装订成册。封面上要注明会计凭证的名称、起讫号、时间以及有关人员的签章。要妥善保管好会计凭证，在保管期间，会计凭证不得外借，对超过所规定期限（一般是15年）的会计凭证，要严格依照有关程序销毁。需永久保留的有关会计凭证，不能销毁。

三、会计凭证的装订

1. 会计凭证装订前的整理工作

(1) 分类整理，按顺序排列，检查日期、编号是否齐全；

(2) 按凭证汇总日期归集（如按上、中、下旬汇总归集），确定装订成册的本数；

(3) 摘除凭证内的金属物（如订书钉、大头针、回形针）。对大的张页或附件要折叠成同记账凭证大小，且要避开装订线，以便翻阅，保持数字完整；

(4) 整理检查凭证顺序号，如有颠倒要重新排列，发现缺号要查明原因。再检查附件有否漏缺，领料单、入库单、工资、奖金发放单是否随附齐全；

(5) 记账凭证上有关人员（如财务主管、复核、记账、制单等）的印章是否齐全。

2. 会计凭证装订时的要求：

(1) 用“三针引线法”装订。装订凭证应使用棉线，在左上角部位打上三个针眼，实行三眼一线打结，结扣应是活的，并放在凭证封皮的里面，装订时尽可能缩小所占位置，使记账凭证及其附件保持尽可能大的显露面，以便于事后查阅。

(2) 凭证外面要加封面，封面纸用上好的牛皮纸印制，封面规格略大于记账凭证。

记账凭证封面

单位名称：

日 期	年 月
册 数	本月共 册 本册是第
张 数	本册自第 号至第 号共
附 记	

会计主管： 装订人：

图2－5 记账凭证封面

(3) 装订凭证厚度一般为1.5厘米，方可保证装订牢固，美观大方。

会计凭证装订后的注意事项：

①每本封面上填写好凭证种类、起止号码、凭证张数、会计主管人员和装订人员签章；

②在封面上编好卷号，按编号顺序入柜，并要在显露处标明凭证种类编号，以便于调阅。

任务五 经济业务

一、经济业务的概念

经济业务是指通过会计来核算与监督的经营活动和财务收支的具体事项，也指会计主体与信息用户相关，并且导致经营实体的各项资产和权益发生变化的经济事项。企业的经济活动都是通过会计所反映的经济业务体现出来的。

二、经济业务的要素

凡是需要会计核算和监督的经济业务就是会计对象。会计对象按经济性质所作的基本分类，分为反映企业财务状况的会计要素和反映企业经营成果的会计要素，它们是会计核算与监督的具体对象和内容，是构成会计对象具体内容的主要因素。我国《企业会计准则》将会计要素界定为六个，即资产、负债、所有者权益、收入、费用和利润。

1. 资产

资产是指过去的交易、事项形成并由企业拥有或控制的资源，该资源预期会给企业带来经济效益。它是企业从事生产经营活动的物质基础。根据定义，资产具有以下几个方面的特征：

（1）资产预期会给企业带来经济利益。如果某一项目预期不能给企业带来经济利益，就不能将其确认为企业的资产。前期已经确认为资产的项目，如果不能再为企业带来经济利益，也不能再将其确认为企业的资产。

（2）资产应为企业拥有或者控制的资源。通常在判断资产是否存在时，所有权是考虑的首要因素，但在有些情况下，虽然某些资产不为企业所拥有，即企业并不享有其所有权，但企业控制这些资产，同样表明企业能够从这些资产中获取经济利益。

（3）资产是由企业过去的交易或者事项形成的。只有过去的交易或事项才能产生资产，企业预期在未来发生的交易或者事项不形成资产。

资产按其流动性可以分为流动资产和非流动资产：

（1）流动资产。指预计在一个正常营业周期中变现、出售或耗用，或者主要为交易目的而持有，或者预计在资产负债日起 1 年内变现的资产，以及自资产负债日起 1 年内交换其他资产或清偿负债能力不受限制的现金或现金等价物。包括库存现金、银行存款、应收及预付款项、存货等。

（2）非流动资产。是相对流动资产而言的，即除流动资产以外的资产，主要包括固定资产、无形资产等。

资产的组成内容如图 2－6 所示：

- 资产
  - 流动资产
    - 库存现金
    - 银行存款
    - 应收及预付款项
      - 应收账款
      - 应收票据
      - 其他应收款
      - 预付账款
    - 存货
      - 在途物资
      - 原材料
      - 在产品
      - 库存商品
  - 非流动资产
    - 固定资产
      - 房屋及建筑物
      - 机器设备
      - 运输设备
    - 无形资产
      - 专利权
      - 非专利技术
      - 商标权

图 2－6　资产组成内容

2. 负债

负债是指企业过去的交易或事项形成的、预期会导致经济利益流出企业的现时义务。根据负债的定义，负债具有以下特征：①负债是企业承担的现时义务；②负债的清偿预期会导致经济利益流出企业；③负债是由过去的交易或事项形成的。

负债一般按其偿还速度或偿还时间长短划分为流动负债和长期负债两类。

（1）流动负债主要包括短期借款、应付票据、应付账款、预收账款、应付职工薪酬、应交税费、应付股利、其他应付款等。

（2）长期负债包括长期借款、应付债券等。

负债的组成内容如图 2－7 所示：

- 负债
  - 流动负债
    - 短期借款
    - 应付票据
    - 应付账款
    - 预收账款
    - 应付职工薪酬
    - 应付股利
    - 应交税费
    - 其他应付款
  - 非流动负债
    - 长期借款
    - 应付债券

图 2－7　负债的组成内容

3. 所有者权益

所有者权益是指资产扣除负债后由所有者应享的剩余利益。在数量上等于企业全部资产减去全部负债后的余额。这可以通过对会计恒等式的变形来表示，即：资产 - 负债 = 所有者权益。

所有者权益由实收资本、资本公积、盈余公积和未分配利润四部分构成。而其中的盈余公积和未分配利润又统称为留存收益。

所有者权益的组成内容如图 2 - 8 所示：

- 所有者权益
  - 实收资本（或股本）
  - 资本公积
  - 留存收益
    - 盈余公积
    - 未分配利润

图 2 - 8　所有者权益的组成内容

4. 收入

收入是指企业在日常活动中所形成的、会导致所有者权益增加的、与所有者投入资本无关的经济利益的总流入。

收入具有以下特征：

（1）收入从企业的日常活动中产生。如企业销售产品、提供劳务等。偶发的交易或事项中产生的如出售固定资产、取得罚款等收入，虽然也能给企业带来经济利益，但因不属于企业日常活动，因此不属于收入。

（2）收入一定会导致经济利益的流入。它可能表现为资产增加，如增加银行存款、应收账款等；也可能表现为负债的减少，如偿还债务；还可能两者兼有，如收到的货款中一部分偿还债务，一部分成为银行存款。

（3）收入必然能导致企业所有者权益的增加。

（4）收入只包括本企业经济利益的流入，不包括为第三方或客户代收的款项。如代收的增值税、利息等。

收入按其性质，可分为销售商品、提供劳务和让渡资产使用权等取得的收入。

收入的组成内容如图 2 - 9 所示：

- 收入
  - 销售商品
  - 提供劳务
  - 让渡资产使用权等

图 2 - 9　收入的组成内容

5. 费用

费用是指企业在日常活动中发生的会导致所有者权益减少的、与向所有者分配利润无关的经济利益的总流出。

费用应具有以下特征：

（1）费用最终会导致企业资源的减少，这种减少具体表现为企业的资金支出。也可理解为资产的耗费，其目的是为了取得收入，从而获得更多资产。

（2）费用最终会减少企业的所有者权益。

（3）费用可能表现为资产的减少，或负债的增加，或者二者兼而有之。

费用按照功能可分为以下四类：

（1）从事经营业务发生的成本。从事经营业务发生的成本是指企业为生产产品、提供劳务等发生的可归属于产品成本、劳务成本等的费用。

（2）管理费用。管理费用是指企业行政管理部门为组织和管理生产经营活动而发生的费用。

（3）销售费用。销售费用是指为销售商品而发生的费用。

（4）财务费用。财务费用是指为筹集资金而发生的费用。

费用的组成内容如图 2－10 所示：

费用
- 从事经营业务发生的成本
- 管理费用
- 销售费用
- 财务费用

图 2－10　费用的组成内容

6. 利润

企业一定时期内的全部收入减去全部费用后的盈余，就是企业一定时期生产经营活动的最终结果，即利润；假如结果为负数，则表明亏损。

利润的确认条件：利润反映的是收入减去费用，利得减去损失后的净额的概念。因此，利润的确认主要依赖于收入和费用以及利得和损失的确认，其金额的确定也主要取决于收入、费用、利得、损失金额的计量。

具体来说，利润是指企业在一定会计期间的经营成果，包括收入减去费用后的净额、直接计入当期利润的利得和损失等。

资产、负债和所有者权益三项会计要素是组成资产负债表的会计要素，也称为资产负债表要素，资产是资金的占用形态，负债和所有者权益是与资产相对应的取得途径，它们是反映企业财务状况的会计要素。

它们组成了静态关系等式：

公式 1：资产＝负债＋所有者权益

这也是会计的基本等式。收入、费用和利润三项会计要素是组成利润表的会计要素，也称为利润表要素。收入是经济活动中经济利益的总流入，费用是经济活动中经济利益的总流出，收入与费用相配比，即形成经济活动的利润，利润是资金运动的成果，它们反映企业的生产经营成果。

它们组成了动态关系等式：

公式 2：收入－费用＝利润（或亏损）

将以上两个公式结合起来，则可得到如下公式：

公式 3：资产＝负债＋所有者权益＋（收入－费用）

通过公式3的变形，还可以得到如下公式：

资产+费用=负债+所有者权益+收入

资产=负债+所有者权益+利润（或亏损）

资产、负债、所有者权益、收入、费用和利润六个会计要素的性质、内容各不相同，但它们之间紧密联系相互依存，构成了会计对象的整体。认识和理解会计要素的相互关系，对于学习会计知识和进行实际社会工作都有十分重要的意义。

三、经济业务的分类

企业日常发生的经济业务多种多样，无论企业在生产经营过程中发生什么样的经济业务，引起资产、负债和所有者权益这三个会计基本要素发生怎样的增减变化都不会破坏会计基本等式的平衡关系。

任何企业发生的任何经济业务所引起的资产与权益的变化关系无非是以下四种类型：

（1）资产与权益同时增加，如例1；

（2）资产与权益同时减少，如例2；

（3）资产之间有增有减，如例3；

（4）权益之间有增有减，如例4；

【例1】20××年12月1日，收到公司投入资本金1 500 000元存入银行。

企业这项业务的发生使资产类的银行存款项目增加了1 500 000元；使权益类的实收资本项目增加了1 500 000元。

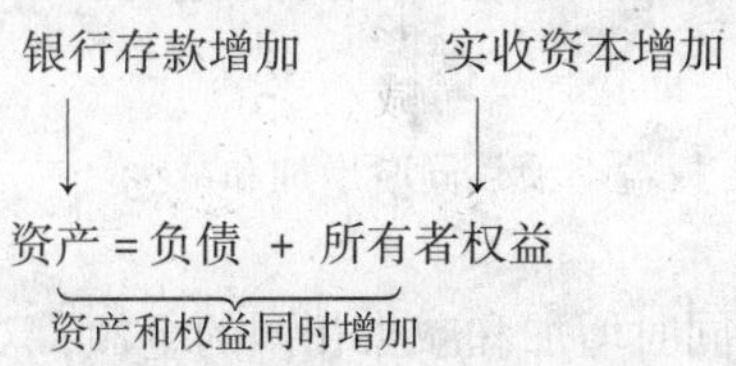

由于在关系式等号的左右两方都增加了相等的金额，双方总额同时增加，仍然保持平衡关系。

【例2】20××年12月4日，银行支付前欠F公司货款200 000元。

企业这项业务的发生使资产类的银行存款项目减少了200 000元；使权益类的应付账款项目减少了200 000元。

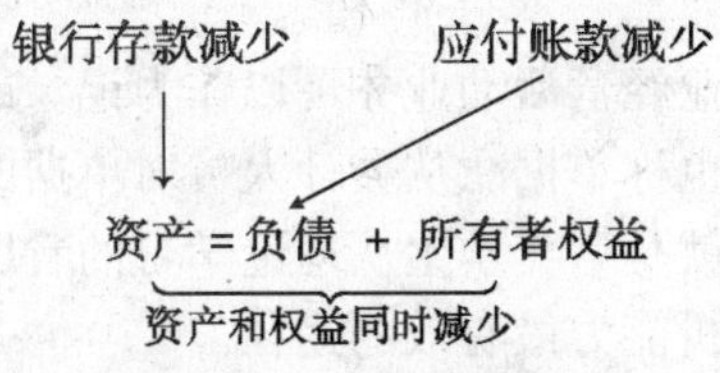

由于在关系式等号的左右两方都减少了相等的金额，双方总额同时减少，仍然保持平衡关系。

【例3】20××年12月4日，开现金支票3 500元，从银行提取现金备用。

企业这项业务的发生使资产类的银行存款项目减少了3 500元；使资产类的库存现金项目增加了3 500元。

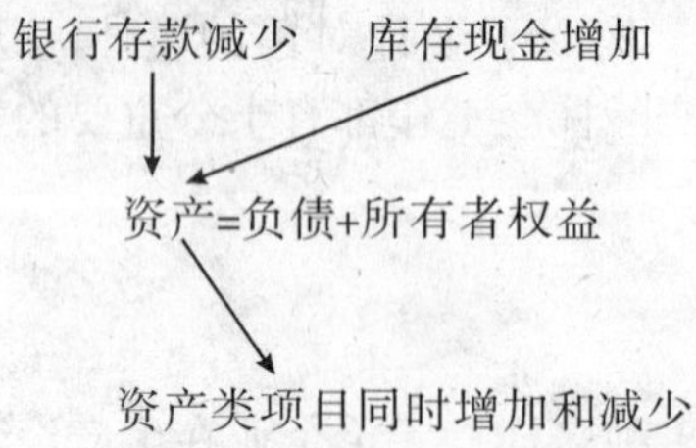

由于在关系式等号的左边同时增加和减少相同的金额，双方总额不变，仍然保持平衡关系。

【例4】20××年12月10日，结转工资中的各种代扣款项。分别为：水电费1 250元，房租费750元。

企业这项业务的发生使权益类的应付职工薪酬项目减少了2 000元；使权益类的其他应付款项目增加了2 000元。

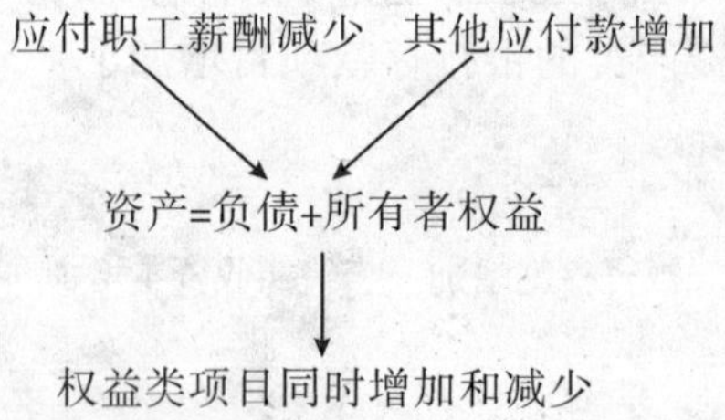

由于在关系式等号的右边同时增加和减少相同的金额，双方总额不变，仍然保持平衡关系。

通过以上举例，表明经济业务的发生不会破坏资产、负债及所有者权益的平衡关系。这一平衡关系是复式记账、账户试算和编制资产负债表的理论依据，也是会计核算方法体系的理论基础。

四、经济业务的编写

在实际的会计工作中，企业经营活动业务可以作为记录或证明经济业务发生或完成情况的文字凭据，即原始凭证，也称单据。从会计人员对单据的处理过程可以判断其业务水平的高低。经济业务的编写，就是培养学生从理论学习的看题做账，过渡到实际工作的看单做账，这是提高学生业务分析能力最有效的途径。

会计人员需要处理的不是企业发生的所有事项，而是企业经营活动业务所体现的资金运动。企业会计人员所处理的经济业务应满足以下几个方面的条件：

（1）该业务是使企业资产、负债、所有者权益、收入、费用、利润等要素发生增减变化的。如企业销售一批产品收到现金，一方面引起企业现金资产增加，另一方面引起企业收入（所有者权益）增加。同时，一方面会引起企业成品资产减少，另一方面引起企业成本费用增加（所有者权益减）。

（2）该业务可以用货币准确地计量。当企业财务会计核算采用货币计量后，就使得企业的业务经营活动统一地表现为货币运动，因而也就能够综合、全面地反映企业的经营成果和财务状况。《企业会计准则》规定：企业应选择人民币作为记账本位币。业务收支以人民币以外的货币为主的企业，可以按规定选定其中一种货币作为记账本位币。但是，编报的财务报表应当折算为人民币。

（3）该业务有准确的发生时间。是指把企业持续不断的生产经营过程，划分为一个个连续的、长短相同的期间，以便分期结算账目，按时编制会计报表。在《企业会计准则》中，规定会计期间分为年度、半年度、季度和月度。年度、半年度、季度和月度均按公历起讫日期确定。半年度、季度和月度均称为会计中期。最常见的会计分期是一年，即会计年度。按年度编制的财务会计报告也称为年报。在我国，会计年度自公历每年的 1 月 1 日起至 12 月 31 日止。

五、经济业务的举例

原始凭证是记录或证明经济业务的发生或完成情况的文字凭据，是会计资料中最具有法律效力的一种文件，会计人员可以根据原始凭证中记载的各项内容进行整理，从而反映出经济业务的内容，进一步判断出经济业务内容的真实性、合理性及合法性。

增值税专用发票

（全国统一发票监制章 广东 发票联 国家税务总局）

No 06214648

440122140　　　　开票日期：20××年 12 月 16 日

购货单位	名称：K公司 纳税人识别号：440102726700647 地址、电话：广州市海珠区四季路 7 号　020-83229831 开户行及账号：中国工商银行广州海珠支行　7836258466130				密码区	略	
货物或应税劳务名称	规格型号	单位	数量	单价	金额	税率	税额
B 产品		箱	80	2 500.00	200 000.00	17%	34 000.00
合计					¥200 000.00		¥34 000.00
价税合计(大写)	⊗贰拾叁万肆仟元整					(小写)¥234 000.00	
销货单位	名称：广州市大华有限公司 纳税人识别号：440108976453210 地址、电话：广州市越秀路 9 号　020-85940650 开户行及账号：中国工商银行广州越秀支行　5388279900887				备注	（广州市大华有限公司 税号：440108976453210 发票专用章）	

第二联　发票联　购货方记账凭证

收款人：××　　复核：××　　开票人：××　　销货单位(盖章)：

图 2-11　增值税专用发票

例如：图 2－11、图 2－12 反映的经济业务内容是：20××年 12 月 29 日，广州市大华有限公司销售给 K 公司 B 产品 80 箱，每箱售价 2 500 元，销售金额为 200 000 元，增值税额为 34 000 元，产品款已存入工商银行账户。

联行来账凭证

20××年 12 月 16 日

付款人账号:7836258466130		付款人名称:K 公司
收款人账号:5388279900887		收款人名称:广州市大华有限公司
付款人开户行行号:中国工商银行广州海珠支行		收款人开户行行号:中国工商银行广州越秀支行
发起行行号:……		发起行名称:中国工商银行广州海珠支行
接收行行号:……		接收行名称:中国工商银行广州越秀支行
币　　种:人民币		交易金额(小写):¥234 000.00
交易金额(大写):贰拾叁万肆仟元整		
附　　言:B 产品款	中国工商银行股份有限公司 广州市越秀支行	
报单日期:20××.12.16	交付交易序号:……	业务种类:……
交易种类:转账支票	入账日志号:…… 20××.12.16	
	转讫	

上述款项已代转账，如有疑问，请持此单来行面洽。

此致！

图 2－12　联行来账凭证

经过还原经济业务后，即可对当中的各项内容进行推敲、证实，从而判断出经济业务内容的真实性、合理性及合法性。

任务六　会计分录

会计分录在实际工作中是通过填制记账凭证来实现的，它是保证会计记录正确可靠的重要环节。会计分录不同于记账凭证，记账凭证要求要素齐全，并有严格的审核与编制程序，而会计分录则只是表明记账凭证中应借应贷的科目与金额，是记账凭证的最简化形式。会计分录通常只是为了讲解方便而出现在书本之中。

一、会计分录的内容

会计分录是指对某项经济业务标明其应借应贷账户及其金额的记录，简称分录。

在编制会计分录时，可以按以下步骤进行：

第一步，归纳中心词。所谓中心词，就是一笔经济业务或原始凭证的核心内容，用几个字给予高度概括。如看到图 2－11 所示“增值税专用发票”时，就要知道这张发票的核心内容，它的中心词就可以概括为：销售产品。

第二步，分析运用科目。账户按照使用方法，可以分为两大类：资产类和权益类。首先是“支付”，采用现金支付的会计核算科目是“库存现金”；采用转账支付的会计核算科目可能是“银行存款（普通转账）”、“其他货币资金（银行汇票）”、“应付票据（商业汇票）”。其次是“展览费”，它属于销售环节发生的费用，会计核算科目是“销售费用”。

第三步，分析账户增减。银行存款—资产类增加—借方，主营业务收入—收入类增加—贷方，应交税费—负债类增加—贷方。

第四步，计算账户金额。经济业务的金额，一般是直接给出，也有需要计算得出的。计算的金额，可能依据本题计算，也可能依据前面的经济业务发生额计算。上述例题属于直接给出。金额是2 000元。

第五步，组成分录。注意分录书写的格式要求。

会计分录不属于《会计法》的规范内容，它只属于教学范畴。所以，并没有很多的标准性和规定性。习惯的书写格式要求是：

1. 先借后贷。借和贷要分行写，贷字比借字空一格；多借或多贷时，只写一个借字或一个贷字，借贷科目各自平衡书写。

2. 借贷后面，书写冒号“：”。

3. 冒号之后书写一级科目和二级科目。根据需要，可以书写三级科目或者成本项目。

4. 科目后面，写上阿拉伯数字金额。没有角分时，可以不需要写零；借或贷方金额，各自位数要右侧对齐。

二、会计分录的业务举例

根据上述步骤，图2－11、图2－12应编制的会计分录是：

借：银行存款　　　　　　　　　　　　234 000
　贷：主营业务收入——B产品　　　　　　　　200 000
　　　应交税费——应交增值税（销项税额）　　 34 000

项目三　会计账簿

【知识目标】

1. 了解会计账簿的概念
2. 熟悉会计账簿的种类
3. 掌握分类账簿的登记方法
4. 熟悉会计账簿的登记要求

【技能目标】

1. 能独立选择各种账簿
2. 运用账簿登记规则进行各种账簿的登记

任务一　会计账簿的概述

会计账簿简称账簿，是由具有一定格式、相互联系的账页所组成，用以序时、分类、全面地记录一个企业、单位经济业务事项的会计簿籍。设置和登记会计账簿，是重要的会计核算基础工作，是连接会计凭证和会计报表的中间环节，做好这项工作，对于加强经济管理具有十分重要的意义。

在会计核算中，每一项经济业务都必须取得和填制会计凭证。因而会计凭证数量很多，又很分散，而且每张凭证只能记载个别经济业务内容，所提供的资料是零星的，不能全面、连续、系统地反映和监督一个经济单位在一定时期内某一类或全部经济业务活动情况。因此，为了给经济管理提供系统的会计核算资料，各单位都必须在凭证的基础上设置和运用登记账簿的方法，把分散在会计凭证上的大量核算资料，加以集中和归类整理，生成有用的会计信息，从而为编制会计报表、进行会计分析以及审核提供主要依据。

会计账簿按用途分类可分为序时账簿、分类账簿、备查账簿等。各类账簿的具体内容如下：

1. 序时账簿

序时账簿又称日记账，是按照经济业务发生或完成时间的先后顺序逐日逐笔进行登记的账簿。序时账簿是会计部门按照收到会计凭证号码的先后顺序进行登记的。在会计工作发展的早期，就要求必须将每天发生的经济业务逐日登记，以便记录当天业务发生的金额，因而习惯地称序时账簿为日记账。序时账簿按其记录内容的不同，又分为普通日记账和特种日记账。普通日记账是将企业每天发生的所有经济业务，不论其性质如何，按其先后顺序，编成会计分录记入账簿；特种日记账是按经济业务性质单独设置的账簿，它只把特定项目按经济业务顺序记入账簿，反映其详细情况，如库存现金日记账和银行存款日记账。特种日记账的设置，应根据业务特点和管理需要而定，特别是对那些烦琐、需严加控制的项目，应予以设置。

2. 分类账簿

分类账簿是指对全部经济业务事项按照会计要素的具体类别而设置的分类账户进行登记的账簿。分类账簿按会计账簿提供核算指标的详细程度不同，又分为总分类账和明细分类账。

（1）总分类账，简称总账，是根据总分类科目开设账户，用来登记全部经济业务，进行总分类核算，提供总括核算资料的分类账簿。

（2）明细分类账，简称明细账，是根据明细分类科目开设账户，用来登记某一类经济业务，进行明细分类核算，提供明细核算资料的分类账簿。

3. 备查账簿

又称辅助账簿，是对某些在序时账簿和分类账簿等主要账簿中都不予登记或登记不够详细的经济业务事项进行补充登记时使用的账簿。它可以对某些经济业务的内容提供必要的参考资料。备查账簿的设置应视实际需要而定，并非一定要设置，而且没有固定格式。如设置租入固定资产登记簿、代销商品登记簿等。

任务二 序时账簿

序时账簿，亦称日记账，是按照经济业务发生的时间先后顺序，逐日逐笔登记经济业务的账簿。按其记录的内容不同，分为普通日记账和特种日记账两种。常见的日记账有现金日记账和银行存款日记账，简称日记账。

一、现金日记账格式与登记方法

现金日记账是由出纳人员按照经济业务发生的时间先后顺序，根据有关记账凭证，逐日逐笔进行登记的账簿。

（1）账页格式。现金日记账通常采用订本式账簿，设有“借方（收入）、贷方（付出）、余额（结余）”三栏式结构的账页。其格式如图 3－1 所示：

现金日记账

年		凭证		摘要	对方科目编码	借方										√	贷方										√	余额									
月	日	字	号			千	百	十	万	千	百	十	元	角	分		千	百	十	万	千	百	十	元	角	分		千	百	十	万	千	百	十	元	角	分

图 3－1 现金日记账账页格式

（2）登记方法。由出纳根据审核后的有关凭证按顺序逐笔登记。每天结出现金余额，并与库存现金核对，以检查账实是否相符，做到日清月结。

二、银行存款日记账格式与登记方法

（1）账页格式。银行存款日记账通常采用订本式账簿，设有“借方（收入）、贷方（付出）、余额（结余）”三栏式结构的账页。其格式如图 3－2 所示：

银行存款日记账

年		凭证		结算方式		摘要	借方										√	贷方										√	余额									
月	日	字	号	类	号码		千	百	十	万	千	百	十	元	角	分		千	百	十	万	千	百	十	元	角	分		千	百	十	万	千	百	十	元	角	分

图 3－2　银行存款日记账账页格式

（2）登记方法。由出纳人员根据审核无误的有关收款凭证和付款凭证序时连续登记的账簿，分次与银行对账单进行核对。

任务三　分类账簿

分类账簿是对全部经济业务事项按照会计要素的具体类别而设置的分类账户进行登记的账簿。按照总分类账户分类登记经济业务事项的是总分类账，简称总账。按照明细分类账户分类登记经济业务事项的是明细分类账簿，简称明细账。总分类账提供总括的会计信息，明细分类账提供详细的会计信息，两者相辅相成，互为补充。

一、总分类账

总分类账是指总分类账簿（General Ledger），是根据总分类科目开设账户，用来登记全部经济业务，进行总分类核算，提供总括核算资料的分类账簿。总分类账所提供的核算资料，是编制会计报表的主要依据，任何单位都必须设置总分类账。

总分类账一般采用订本式账簿。总分类账的账页格式，一般采用“借方”、“贷方”、

"余额"三栏式，格式如图 3－3 所示：

总分类账

年		凭证号数	摘要	对方科目	借方										贷方										借或贷	余额									
月	日				千	百	十	万	千	百	十	元	角	分	千	百	十	万	千	百	十	元	角	分		千	百	十	万	千	百	十	元	角	分

图 3－3　总分类账账页格式

总分类账的登记依据和方法，主要取决于所采用的会计核算形式。它可以直接根据各种记账凭证逐笔登记，也可以先把记账凭证按照一定方式进行汇总，编制成科目汇总表或汇总记账凭证等，然后据以登记。

总分类账为一级账目，总领统驭明细分类账目。

二、明细分类账

1. 三栏式明细分类账

三栏式明细账是设有借方、贷方和余额三个基本栏目的账簿。各种日记账、总分类账以及资本、债权、债务明细账都可采用三栏式账簿。三栏式账簿又分为设对方科目和不设对方科目两种，区别是在摘要栏和借方科目栏之间是否有一栏"对方科目"。有"对方科目"栏的，称为设对方科目的三栏式账簿；不设"对方科目"栏的，称为不设对方科目的三栏式账簿。格式如图 3－4 所示：

本账页数	
本户页数	

明细分类账

______科目______

年		凭证		摘要	对方科目	借方										贷方										借或贷	余额									
月	日	字	号			千	百	十	万	千	百	十	元	角	分	千	百	十	万	千	百	十	元	角	分		千	百	十	万	千	百	十	元	角	分

图 3－4　三栏式明细分类账

三栏式明细分类账簿的格式与三栏式总分类账簿的格式基本相同，设有“借方、贷方、余额”三个基本栏次，但一般不设置反映对应科目的栏次。三栏式明细账适用于只需要进行金额核算，不需要进行数量核算的结算类科目的明细分类核算。例如对“应收账款”、“应收票据”、“预收账款”、“应付账款”、“预付账款”等总账科目的明细分类核算，可采用三栏式明细账进行。

2. 数量金额式明细分类账

数量金额式明细分类账的借方（收入）、贷方（付出）和余额（结存）都分别设有数量、单价和金额三个专栏。适用于既要进行金额核算又要进行数量核算的账户。格式如图 3－5 所示：

数量金额式明细账适用于既要进行金额核算，又要进行数量核算的各种财产物资类科目的明细分类核算。例如对“原材料”、“产成品”等总账科目的明细分类核算，可采用数量金额式明细账。

最高储存量______

最低储存量______

编号______ 规格______

明细分类账

本账页数	
本户页数	

单位(　　　　) 名称__________

年		凭证		摘要	账页	借方			贷方			借或贷	结存			稽核
月	日	字	号			数量	单价	金额	数量	单价	金额		数量	单价	金额	
								百十万千百十元角分			百十万千百十元角分				百十万千百十元角分	

图 3-5 数量金额式明细分类账

3. 多栏式明细分类账

多栏式明细分类账是将属于同一个总账科目的各个明细科目合并在一张账页上进行登记，以便归类、集中登记这些明细科目或明细项目全部金额的账簿，格式如图 3－6 所示：

多栏式明细账适用于那些要求对金额进行分析的有关费用成本、收入成果类科目的明细分类核算，例如对“主营业务收入”、“管理费用”、“销售费用”、“生产成本”等总账科目的明细核算，可采用多栏式明细账。

4. 借方贷方多栏账

借方贷方多栏式明细分类账多在一般纳税人的应交税费（应交增值税）明细账使用。一般纳税人在“应交税费——应交增值税”明细账的借、贷方设置分析项目，在借方分析栏内设“进项税额”、“减免税款”、“已交税金”、“出口抵减内销产品应纳税额”和“转出未交增值税”项目；在贷方分析栏内设“销项税额”、“出口退税”、“进项税额转出”、“转出多交增值税”项目。“应交税费——应交增值税”明细账有两种设置办法：一是多栏式设置，二是设 9 个三级明细科目。由于设 9 个三级明细科目办法期末结转工作量大，通常设置借方贷方多栏式。格式如图 3－7 所示：

本账页数	
本户页数	

明细分类账

科目名称________

年		凭证		摘　要	借　方	贷　方	借或贷	余　额	(　　)方							
月	日	字	号		百十万千百十元角分	百十万千百十元角分		百十万千百十元角分	百十万千百十元角分	百十万千百十元角分	百十万千百十元角分	百十万千百十元角分	百十万千百十元角分	百十万千百十元角分	百十万千百十元角分	百十万千百十元角分

图 3－6　多栏式明细分类账

应交税费（增值税）明细账

年		凭证		摘要	借方						贷方					借或贷	余额
					合计	进项税额	已交税金	减免税款	出口抵减内销产品应纳税额	转出未交增值税	合计	销项税额	出口退税	进项税额转出	转出多交增值税		
月	日	字	号		千百十万千百十元角分	千百十万千百十元角分	千百十万千百十元角分	千百十万千百十元角分	千百十万千百十元角分	千百十万千百十元角分	千百十万千百十元角分	千百十万千百十元角分	千百十万千百十元角分	千百十万千百十元角分	千百十万千百十元角分		千百十万千百十元角分

图 3－7　借方贷方多栏式明细分类账

任务四 会计账簿的登记

依据《会计基础工作规范》（简称《规范》）第六十条规定，登记会计账簿的基本要求是：

1. 准确完整

“登记会计账簿时，应当将会计凭证日期、编号、业务内容摘要、金额和其他有关资料逐项记入账内，做到数字准确、摘要清楚、登记及时、字迹工整。”针对每一项会计事项，一方面要记入有关的总账，另一方面要记入该总账所属的明细账。账簿记录中的日期，应该填写记账凭证上的日期；以自制的原始凭证，如收料单、领料单等，作为记账依据的，账簿记录中的日期应按有关自制凭证上的日期填列。登记账簿要及时，但对各种账簿的登记间隔应该多长，《规范》未作统一规定。一般来说，这要依据本单位所采用的具体会计核算形式而定。

2. 注明记账符号

“登记完毕后，要在记账凭证上签名或者盖章，并注明已经登账的符号，表示已经记账。”在记账凭证上设有专门的栏目供注明记账的符号，以免发生重记或漏记。

3. 文字和数字必须整洁清晰，准确无误

在登记书写时，不要滥造简化字，不得使用同音异义字，不得写怪字体；摘要文字紧靠左线；数字要写在金额栏内，不得越格错位、参差不齐；文字、数字字体大小适中，紧靠下线书写，上面要留有适当空距，一般应占格宽的1/2，以备按规定的方法改错。记录金额时，如为没有角分的整数，应分别在角分栏内写上“0”，不得省略不写，或以“－”号代替。阿拉伯数字一般可自左向右适当倾斜，以使账簿记录整齐、清晰。为防止字迹模糊，墨迹未干时不要翻动账页；夏天记账时，可在手臂下垫一块软质布或纸板等书写，以防汗浸。

4. 正常记账使用蓝黑墨水

“登记账簿要用蓝黑墨水或者碳素墨水书写，不得使用圆珠笔（银行的复写账簿除外）或者铅笔书写。”在会计的记账书写中，数字的颜色是重要的语素之一，它同数字和文字一起传达出会计信息。如同数字和文字错误会表达错误的信息，书写墨水的颜色用错了，其导致的概念混乱也不亚于数字和文字错误。

5. 特殊记账使用红墨水

“下列情况，可以用红色墨水记账：①按照红字冲账的记账凭证，冲销错误记录；②在不设借贷等栏的多栏式账页中，登记减少数；③在三栏式账户的余额栏前，如未印明余额方向的，在余额栏内登记负数余额；④根据国家统一会计制度的规定可以用红字登记的其他会计记录。”在这几种情况下使用红色墨水记账是会计工作中的惯例。财政部会计司编著的《会计制度补充规定及问题解答（第一辑）》，在解答“应交税金——应交增值税”明细账户的设置方法时，对使用红色墨水登记的情况作了一系列较为详尽的说明：在“进项税额”专栏中用红字登记退回所购货物应冲销的进项税额；在“已交税金”专栏中用红字登记退回多交的增值税额；在“销项税额”专栏中用红字登记退回销售货物应冲销的销项税额，以及在“出口退税”专栏中用红字登记出口货物办理退税后发生退货或者退关而补交已退的税款。

6. 顺序连续登记

“各种账簿按页次顺序连续登记，不得跳行、隔页，更不得随便更换账页和撤出账页，作废的账页也要留在账簿中。如果发生跳行、隔页，应当将空行、空页画线注销，或者注明‘此行空白’、‘此页空白’字样，并由记账人员签名或者盖章。”这对防止在账簿登记中可能出现的漏洞，是十分必要的防范措施。

7. 结出余额

凡需要结出余额的账户，结出余额后，应当在“借或贷”等栏内写明“借”或者“贷”等字样。没有余额的账户，应当在“借或贷”等栏内写“平”字，并在余额栏内用“0”表示。现金日记账和银行存款日记账必须逐日结出余额。一般来说，对于没有余额的账户，在余额栏内标注的“0”应当放在“元”位。

8. 过次承前

“每一账页登记完毕结转下页时，应当结出本页合计数及余额，写在本页最后一行和下页第一行有关栏内，并在摘要栏内注明‘过次页’和‘承前页’字样；也可以将本页合计数及金额只写在下页第一行有关栏内，并在摘要栏内注明‘承前页’字样。”也就是说，“过次页”和“承前页”的方法有两种：一是在本页最后一行内结出发生额合计数及余额，然后过次页并在次页第一行承前页；二是只在次页第一行承前页写出发生额合计数及余额，不再在上页最后一行结出发生额合计数及余额后过次页。

9. 登记发生错误时，必须按规定方法更正

严禁刮、擦、挖、补，或使用化学药物清除字迹。发现差错必须根据差错的具体情况采用画线更正、红字更正、补充登记等方法更正。

10. 定期打印

《规范》第六十一条对实行会计电算化的单位提出了打印上的要求：“实行会计电算化的单位，总账和明细账应当定期打印。”“发生收款和付款业务的，在输入收款凭证和付款凭证的当天必须打印出现金日记账和银行存款日记账，并与库存现金核对无误。”这是因为在以机器或其他磁性介质储存的状态下，各种资料或数据的直观性不强，信息处理的过程不明，不便于进行某些会计操作和进行内部或外部审计，从而影响会计信息的安全性和完整性。

项目四　科目汇总表核算程序

【知识目标】

1. 了解会计核算程序的概念
2. 熟悉科目汇总表核算程序

【技能目标】

熟练掌握科目汇总表核算程序的方法

任务一　会计核算程序

会计核算程序又称会计核算组织形式，是指在会计核算中，账簿组织、记账程序和会计报表有机结合的形式。会计核算的步骤分别是：设置会计科目和账户，复式记账，填制和审核凭证，编制财务会计报告。

依据不同的会计凭证、会计账簿、会计报表的种类和格式以及记账程序，产生了不同的会计核算形式。当前我国采用会计核算形式主要有记账凭证核算程序、多栏式日记账核算程序、汇总记账凭证核算程序、日记总账核算程序和科目汇总表核算程序等。各种核算程序的主要区别是登记总分类账的依据和方法不同。

任务二　科目汇总表核算程序

科目汇总表核算程序亦称“记账凭证汇总表账务处理程序”，是根据记账凭证定期汇总编制科目汇总表，并据以登记总分类账的一种账务处理程序。

一、科目汇总表的定义

科目汇总表亦称“记账凭证汇总表”，是定期对全部记账凭证进行汇总，按各个会计科目列示其借方发生额和贷方发生额的一种汇总凭证。依据借贷记账法的基本原理，科目汇总表中各个会计科目的借方发生额合计与贷方发生额合计应该相等，因此，科目汇总表具有试算平衡的作用。科目汇总表是科目汇总表核算形式下总分类账登记的依据。

二、科目汇总表的格式

科目汇总表的格式如下表所示：

科目汇总表

日期： 年 月 日至 年 月 日

凭证起讫号数自 号起至 号止

会计科目	借方金额											√	贷方金额											√
	亿	千	百	十	万	千	百	十	元	角	分		亿	千	百	十	万	千	百	十	元	角	分	

核准： 复核： 记账： 制单：

任务三　科目汇总表的编制方法

科目汇总表的编制是科目汇总表核算程序的一项重要工作，它是根据一定时期内的全部记账凭证，按科目作为归类标志进行编制的。

一、科目汇总表的编制过程和方法

其编制过程和方法如下：

（1）将汇总期内各项经济业务所涉及的会计科目填制在“会计科目”栏。为了便于登记总分类账，会计科目的排列顺序应与总分类账上的会计科目的顺序一致；

（2）根据汇总期内的全部记账凭证，按“会计科目”分别加总借方发生额和贷方发生额，并将其填列在相应会计科目行的“借方金额”和“贷方金额”栏；

（3）将汇总完毕的所有“会计科目”的借方发生额和贷方发生额汇总，进行发生额的试算平衡。

科目汇总表编制的时间，应根据经济业务量的多少而定，可选择 3 天、5 天、10 天、15 天或 1 个月。

二、科目汇总表核算程序的优缺点

科目汇总表核算程序的优点主要体现在两个方面：其一，由于依据定期编制的科目汇总表登记总分类账，而无须依据每张记账凭证逐笔登记总分类账，从而大大地减少了登记总分类账的工作量；其二，由于科目汇总表分别借贷合计一定期间各会计科目的借方发生额和贷方发生额，从而起到对一定时期经济业务会计处理发生额的试算平衡作用，以保证账簿记录的正确性。

科目汇总表核算形式的不足之处在于：在科目汇总表以及总分类账中，不能反映科目及账户之间的对应关系，不便于对经济活动进行检查和分析，不便于核对账目。

项目五　成本核算

【知识目标】

1. 掌握成本核算的概念
2. 熟悉产品成本项目
3. 掌握成本核算的账户设置及账务处理程序

【技能目标】

熟练掌握产品成本核算的品种法

任务一　成本核算概述

成本核算是把一定时期内企业生产经营过程中所发生的费用，按其性质和发生地点，分类、归集、汇总、核算，核算出该时期内生产经营费用发生总额并分别核算出每种产品的实际成本与单位成本的管理活动。其基本任务是正确、及时地核算产品实际总成本和单位成本，提供正确的成本数据，为企业经营决策提供科学依据，并借以考核成本计划执行情况，综合反映企业的生产经营管理水平。

一、产品成本项目

产品成本项目一般是指计入产品成本的费用按经济用途划分的项目，是对产品成本构成内容所作的分类。设置成本项目可以反映产品成本的构成情况，满足成本管理的目的和要求，有利于了解企业生产费用的经济用途，便于企业分析和考核产品成本计划的执行情况。

为了便于归集生产费用，正确核算产品成本，需要对生产费用进行合理的分类。生产费用按经济用途划分，可将计入产品成本的生产费用分为以下四个成本项目：

（1）直接材料费用。直接材料费用指企业在生产产品和提供劳务过程中实际消耗的、直接用于产品生产，构成产品实体的原材料、辅助材料、备品配件、外购半成品、燃料、动力、包装物等的费用。

（2）直接人工费用。直接人工费用指企业在生产产品和提供劳务过程中直接从事产品生产人员的工资及福利费。

（3）制造费用。制造费用包括企业在生产产品和提供劳务过程中发生的费用及其他生产费用。如各个生产单位（分厂、车间）为组织和管理生产所发生的各种费用、车间房屋建筑和机器设备的折旧费等。

（4）不能根据原始凭证或原始凭证汇总表直接计入成本的费用，需要按一定标准分配计入成本核算对象。

将生产费用按经济用途划分为成本项目，便于反映产品成本的构成，可以考核各项费用定额或计划执行的情况，查明费用节约或超支的原因，加强对成本的控制和管理，促使企业更有效地降低成本。

二、成本核算的账户设置

1. “生产成本”账户

将科目核算企业进行工业性生产发生的各项生产成本，按产品品种等成本核算对象设置“基本生产成本”和“辅助生产成本”明细账。辅助生产较多的企业，也可将“基本生产成本”和“辅助生产成本”作为总账。

基本生产成本应当分别按照基本生产车间和成本核算对象（产品的品种、类别、订单、批别、生产阶段等）设置明细账（或成本核算单），并按规定的成本项目设置专栏。辅助生产成本期末，应当对共同负担的费用按照一定的分配标准分配给各受益对象。

2. “制造费用”账户

制造费用是工业企业为生产产品（或提供劳务）而发生的，应计入产品成本但没有专设成本项目的各项生产费用。期末，将共同负担的制造费用按照一定的分配标准分配计入各成本核算对象，除季节性生产外，本科目期末应无余额。

三、产品成本核算的程序

从生产费用发生开始，到算出完工产品总成本和单位成本为止的整个产品成本核算程序一般分为以下几个步骤：

（1）生产费用支出的审核。对发生的各项生产费用支出，应根据国家、上级主管部门和该企业的有关制度、规定进行严格审核，以便对不符合制度和规定的费用以及各种浪费、损失等加以制止或追究经济责任。

（2）确定成本核算对象和成本项目，开设产品成本明细账。企业的生产类型不同，对成本管理的要求不同，成本核算对象和成本项目也就有所不同。应根据企业生产类型的特点和对成本管理的要求，确定成本核算对象和成本项目，并根据确定的成本核算对象开设产品成本明细账。

（3）进行要素费用的分配。对发生的各项要素费用进行汇总，编制各种要素费用分配表，按其用途分配计入有关的生产成本明细账。对能确认某一成本核算对象耗用的直接计入费用，如直接材料、直接人工，应直接计入“生产成本——基本生产成本”账户及其有关的产品成本明细账；对于不能确认的某一费用，则应按其发生的地点或用途进行归集分配，分别计入“制造费用”、“生产成本——辅助生产成本”和“废品损失”等综合费用账户。

（4）进行综合费用的分配。对计入“制造费用”、“生产成本——辅助生产成本”和“废品损失”等账户的综合费用，月终采用一定的分配方法进行分配，并计入“生产成本——基本生产成本”以及有关的产品成本明细账。

（5）进行完工产品成本与在产品成本的划分。通过要素费用和综合费用的分配及所发生的各项生产费用的分配，所发生的各项生产费用均已归集在“生产成本——基本生产成本”账户及有关的产品成本明细账中。在没有在产品的情况下，产品成本明细账所归集的生产费用即为完工产品总成本；在有在产品的情况下，就需将产品成本明细账所归集的生产费用按一定的划分方法在完工产品和月末在产品之间进行划分，从而计算出月末在产品的成本。

（6）计算产品的总成本和单位成本。

四、产品成本核算的基本方法

产品成本核算的基本方法主要有：品种法、分批法、分步法。

对一个企业来讲，要核算企业的产品成本，需根据生产特点和生产组织方式选择采用一种最适当的成本核算方法，但这一种成本核算方法并不一定能满足该企业成本核算和成本管理的全部需要。

企业的情况错综复杂，要全面考虑具体企业的生产特点和生产步骤，根据企业的规模和水平，科学合理地安排成本核算程序和方法，把各种成本核算方法结合运用起来，达到最佳的成本核算和最优的成本控制。

任务二　产品成本核算的方法

一、品种法

品种法是以产品品种为产品成本核算对象，归集和分配生产费用，核算产品成本的一种方法。它主要适用于大量大批的单步骤生产企业或管理上不要求分步骤核算成本的多步骤生产企业。品种法是产品成本核算中一种比较简单的方法。

（1）成本核算对象。品种法以产品品种作为成本核算对象，并据以设置产品成本明细账归集生产费用和核算产品成本。如果企业生产的产品不止一种，就需要以每一种产品作为成本核算对象，分别设置产品成本明细账。

（2）成本核算期。由于大量大批的生产是不间断的连续生产，无法按照产品的生产周期来归集生产费用，核算产品成本，因而只能定期按月核算产品成本，从而将本月的销售收入与产品生产成本配比，核算本月损益。因此，产品成本是定期按月核算的，与报告期一致，与产品生产周期不一致。

（3）生产费用是否需要在完工产品和在产品之间进行分配。核算产品成本时需要将生产费用在完工产品和在产品之间进行分配，可根据具体情况，将生产费用在完工产品和在产品之间选择合适的方法进行分配。

二、约当产量法

所谓约当产量法，就是把月末在产品的数量按其完工程度，折合成相当于完工产品的产量（即约当产量），然后把完工产品的产量和在产品的约当量相加，构成约当总产量，之后再和发生的生产费用相除，得出费用分配率，用分配率去乘完工产品产量和在产品约当产量，从而计算出完工产品应负担的成本和在产品应留存的成本。约当产量法在工业企业的成本核算中应用很广泛。

以约当产量计算分配费用时，关键问题在于在产品分项目中的投料程度和加工费用怎么确定：

（1）原材料在生产开始时一次投入的，在产品的投料程度为100%。即完工产品与在产品在一次投料的情况下，不管后面的加工程度如何，在划分材料份额时都是平分的。

【例1】某厂生产某产品，月末完工产品6件，在产品4件，完工程度50%，已知当月生产发生原材料1 800元，月初在产品原材料200元，原材料在生产开始时一次投入，月末在产品完工率为50%，请用约当产量法分配月末在产品和完工产品成本。

解：投入原材料合计＝200＋1 800＝2 000（元）

分配率＝2 000/（6＋4）＝200

完工产品成本＝200×6＝1 200（元）

月末在产品成本＝2 000－1 200＝800（元）

（2）原材料在生产过程中是陆续、均衡地投入的，在产品投料程度的核算方法与加工程度（直接人工、制造费用）的核算方法相同（参考加工程度的核算）。

如上例，解题过程为：

解：投入原材料合计＝200＋1 800＝2 000（元）

分配率＝2 000/（6＋4×50%）＝250

完工产品成本＝250×6＝1 500（元）

月末在产品成本＝2 000－1 500＝500（元）

在计算完工率时，要注意实际生产中在产品耗用的原材料和加工费用（直接人工、制造费用等）的情况是不一样的，所以我们必须分开讨论加工费用的完工率和原材料的完工率（也称投料率）。因此，实际工作中在产品约当产量一般要求分成本项目计算，即算出直接材料的月末在产品和完工产品成本、直接人工的月末在产品和完工产成品成本、制造费用等加工费用的月末在产品成本和完工产品成本，然后汇总得出月末完工产品成本和在产品成本。

项目六　会计报表

【知识目标】

1. 了解会计报表的概念
2. 熟悉资产负债表和利润表的格式

【技能目标】

熟练掌握资产负债表和利润表的编制方法

会计报表是企业财务报告的主要部分，是企业向外传递会计信息的主要手段。会计报表是根据日常会计核算资料定期编制的，综合反映企业某一特定日期财务状况和某一会计期间经营成果、现金流量的总结性书面文件。我国现行会计制度规定，企业向外提供的会计报表至少包括资产负债表、利润表、现金流量表、所有者权益（股东权益）变动表和附注。下文主要介绍资产负债表和利润表。

任务一　资产负债表

资产负债表是反映企业在某一特定日期财务状况的会计报表，它是根据“资产＝负债＋所有者权益”这一平衡公式，将某一特定日期的资产、负债、所有者权益的具体项目予以适当地排列编制而成的会计报表。

一、资产负债表的格式

资产负债表一般有表首、正表两部分。其中，表首概括地说明报表名称、编制单位、编制日期、报表编号、货币名称、计量单位等。正表是资产负债表的主体，列示了用以说明企业财务状况的各个项目。

企业的资产负债表正表的格式为：账户式资产负债表分为左右两方，左方列示资产项目，右方列示负债及所有者权益项目，左右两方的合计数保持平衡。这种格式的资产负债表应用最广，我国企业会计制度要求采用的就是这种格式的资产负债表。不管采取什么格式，资产各项目的合计等于负债和所有者权益各项目的合计这一等式不变，即“资产＝负债＋所有者权益”。

我国企业的资产负债表采用账户式结构。账户式资产负债表分左右两方，左方为资产项目，大体按资产的流动性大小排列，流动性大的资产如“货币资金”、“交易性金融资产”等排在前面，流动性小的资产如“长期股权投资”、“固定资产”等排在后面。右方为负债和所有者权益项目，一般按要求清偿时间的先后顺序排列，“短期借款”、“应付票据"、"应付账款"等需要在一年以内或者长于一年的一个正常营业周期内偿还的流动负债排在前面，"长期借款"等在一年以上才需偿还的非流动负债排在中间，在企业清算之前不需要偿还的所有者权益项目排在后面。我国企业会计准则要求的企业资产负债表格式如下表。

资产负债表

会企01表

编制单位：　　　　　　　　　　　年　　月　　日　　　　　　　　　　　单位：元

资　产	期末余额	年初余额	负债和所有者权益（或股东权益）	期末余额	年初余额
流动资产：			流动负债：		
货币资金			短期借款		
交易性金融资产			交易性金融负债		
应收票据			应付票据		
应收账款			应付账款		
预付账款			预收账款		
应收利息			应付职工薪酬		
应收股利			应交税费		
其他应收款			应付利息		
存货			应付股利		
一年内到期的非流动资产			其他应付款		
其他流动资产			一年内到期的非流动负债		
流动资产合计			其他流动负债		
非流动资产：			**流动负债合计**		
可供出售金融资产			非流动负债：		
持有至到期投资			长期借款		
长期应收款			应付债券		
长期股权投资			长期应付款		
投资性房地产			专项应付款		
固定资产			预计负债		
在建工程			递延所得税负债		
工程物资			其他非流动负债		
固定资产清理			**非流动负债合计**		
生产性生物资产			**负债合计**		

（续上表）

资　产	期末余额	年初余额	负债和所有者权益（或股东权益）	期末余额	年初余额
油气资产			所有者权益（或股东权益）：		
无形资产			实收资本（或股本）		
开发支出			资本公积		
商誉			减：库存股		
长期待摊费用			盈余公积		
递延所得税资产			未分配利润		
其他非流动资产			**所有者权益（或股东权益）合计**		
非流动资产合计					
资产总计			**负债和所有者权益（或股东权益）总计**		

二、资产负债表的编制方法

会计报表的编制，主要通过对日常会计核算记录的数据加以归集、整理，使之成为有用的财务信息。

1. 资产负债表的各项目均需填列“年初余额”和“期末余额”两栏

（1）资产负债表“年初余额”栏内各项数字，应根据上年年末资产负债表的“期末余额”栏内所列数字填列。如果上年度资产负债表规定的各个项目的名称和内容与本年度不一致，应对上年年末资产负债表各项目的名称和数字按照本年度的规定进行调整，填入本表“年初余额”栏内。

（2）资产负债表的“期末余额”栏内各项数字，其填列方法如下：

①根据总账科目的余额填列。资产负债表中的有些项目，可直接根据有关总账科目的余额填列，如“交易性金融资产”、“短期借款”、“应付票据”、“应付职工薪酬”等项目；有些项目，则需根据几个总账科目的余额计算填列，如“货币资金”项目，需根据“库存现金”、“银行存款”、“其他货币资金”三个总账科目余额合计填列。

②根据有关明细科目的余额计算填列。资产负债表中的有些项目，需要根据明细科目余额填列，如“应付账款”项目，需要分别根据“应付账款”和“预付账款”两个科目所属明细科目的期末贷方余额计算填列。

③根据总账科目和明细科目的余额分析计算填列。资产负债表的有些项目，需要依据总账科目和明细科目两者的余额分析填列，如“长期借款”项目，应根据“长期借款”总账科目余额扣除“长期借款”科目所属的明细科目中将在资产负债表日起一年内到期且企业不能自主地将清偿义务展期的长期借款后的金额填列。

④根据有关科目余额减去其备抵科目余额后的净额填列。如资产负债表中的“应收账款”、“长期股权投资”等项目，应根据“应收账款”、“长期股权投资”等科目的“期末余额”减去“坏账准备”、“长期股权投资减值准备”等科目余额后的净额填列；“固定资产”项目，应根据“固定资产”科目“期末余额”减去“累计折旧”、“固定资产减值准备”科目余额后的净额填列；“无形资产”项目，应根据“无形资产”科目期末余额减去“累计摊销”、“无形资产减值准备”科目余额后的净额填列。

⑤综合运用上述填列方法分析填列。如资产负债表中的“存货”项目，需根据“原材料”、“库存商品”、“委托加工物资”、“周转材料”、“材料采购”、“在途物资”、“发出商品”、“材料成本差异”等总账科目“期末余额”的分析汇总数，再减去“存货跌价准备”备抵科目余额后的金额填列。

2. 资产负债表各项目的填列说明

资产项目的填列说明：

（1）货币资金＝现金＋银行存款＋其他货币资金；

（2）交易性金融资产＝交易性金融资产；

（3）应收票据＝应收票据；

（4）应收账款＝应收账款（借）＋预收账款（借）－计提“应收账款”的“坏账准备”；

（5）预付款项＝预付款项（借）＋应付账款（借）；

（6）应收利息＝应收利息－坏账准备（有关应收利息计提的准备）；

（7）应收股利＝应收股利－坏账准备（有关应收股利计提的准备）；

（8）其他应收款＝其他应收款－应计提“其他应收款”的“坏账准备”；

（9）存货＝材料采购＋原材料＋低值易耗品＋库存商品＋周转材料＋委托加工物资＋委托代销商品＋生产成本等－存货跌价准备－代销商品款；

材料采用计划成本核算，以及库存商品采用计划成本或售价核算的企业，应按加或减“材料成本差异”、“商品进销差价”后的金额填列。

（10）一年内到期的非流动资产＝一年内到期的非流动资产；

（11）长期股权投资＝长期股权投资－长期股权投资减值准备；

（12）固定资产＝固定资产－累计折旧－固定资产减值准备；

（13）在建工程＝在建工程－在建工程减值准备；

（14）工程物资＝工程物资；

（15）固定资产清理＝固定资产清理；

（16）无形资产＝无形资产－累计摊销－无形资产减值准备；

（17）开发支出＝研发支出（资本化支出）；

（18）长期待摊费用＝长期待摊费用；

（19）其他非流动资产＝除固定资产、在建工程、工程物资、无形资产等以外的；

负债项目的填列说明：

（1）短期借款＝短期借款；

（2）应付票据＝应付票据；

（3）应付账款 = 应付账款（贷）+ 预付账款（贷）；
（4）预收账款 = 应收账款（贷）+ 预收账款（贷）；
（5）应付职工薪酬 = 应付职工薪酬；
（6）应交税费 = 应交税费（贷）［“应交税费”科目期末为借方余额，以“-”号填列］；
（7）应付利息 = 应付利息；
（8）应付股利 = 应付股利；
（9）其他应付款 = 其他应付款；
（10）一年内到期的非流动负债 = 一年内到期的非流动负债；
（11）长期借款 = 长期借款 - 一年内到期的长期借款；
（12）应付债券 = 应付债券 - 一年内到期的应付债券；
（13）其他非流动负债 = 其他非流动负债。

所有者权益项目的填列说明：
（1）实收资本 = 实收资本（或股本）；
（2）资本公积 = 资本公积；
（3）盈余公积 = 盈余公积；
（4）未分配利润 = 本年利润 + 利润分配［未弥补的亏损，在本项目内以“-”号填列］。

三、资产负债表的作用

资产负债表可以综合反映本企业以及与其股权上有联系的企业的全部财务状况，其主要作用有：

（1）反映企业资产的构成及其状况，分析企业在某一日期所拥有的经济资源及其分布情况。资产代表企业的经济资源，是企业经营的基础，资产总量的高低一定程度上可以说明企业的经营规模和盈利基础大小。企业的结构即资产的分布，反映其生产经营过程的特点。资产负债表有利于报表使用者进一步分析企业生产经营的稳定性。

（2）反映企业某一日期的负债总额及其结构，分析企业目前与未来需要支付的债务数额。负债总额表示企业承担债务的多少，负债和所有者的比重反映了企业的财务安全程度。负债结构反映了企业偿还负债的紧迫性和压力，通过资产负债表可以了解企业负债的基本信息。

（3）反映企业所有者权益的情况，了解企业现有投资者在企业投资总额中所占的份额。实收资本和留存收益是所有者权益的重要内容，反映了企业投资者对企业的初始投入和资本累计的多少，也反映了企业的资本结构和财务实力。资产负债表有助于报表使用者分析、预测企业生产经营的安全程度和抗风险的能力。

任务二 利润表

利润表主要提供有关企业经营成果方面的信息。利润表是反映企业在一定会计期间经营成果的报表。由于它反映的是某一期间的情况，所以，又称为动态报表。有时，利润表也称为损益表、收益表。

一、利润表格式

在我国，利润表采用多步式，每个项目通常又分为“本月数”和“本年累计数”两栏分别填列。“本月数”栏反映各项目的本月实际发生数；在编报中期财务会计报告时，填列上年同期累计实际发生数；在编报年度财务会计报告时，填列上年全年累计实际发生数。如果上年度利润表与本年度利润表的项目名称和内容不一致，则按编报当年的口径对上年度利润表项目的名称和数字进行调整，填入利润表“上年数”栏。在编报中期和年度财务会计报告时，将“本月数”栏改成“上年数”栏。利润表“本年累计数”栏反映各项目自年初起至报告期末止的累计实际发生数。具体格式如下表。

利 润 表

会企 02 表

编制单位： 年 月 单位：元

项 目	本期金额	上期金额
一、营业收入		
减：营业成本		
营业税金及附加		
销售费用		
管理费用		
财务费用		
资产减值损失		
加：公允价值变动损益（亏损以“－”号填列）		
投资收益（亏损以“－”号填列）		
其中：对联营企业和合营企业的投资收益		
二、营业利润（亏损以“－”号填列）		
加：营业外收入		
减：营业外支出		
其中：非流动资产处置损失		
三、利润总额（亏损总额以“－”号填列）		
减：所得税费用		
四、净利润（净亏损以“－”号填列）		

二、利润表的编制方法

以下重点分析利润表项目的填列说明，由于该表是反映企业一定时期经营成果的动态报表，因此，该栏内各项目一般根据账户的本期发生额分析填列。

（1）“营业收入”项目，反映企业经营业务所得的收入总额。本项目应根据“主营业务收入”和“其他业务收入”账户的发生额分析填列。

（2）“营业成本”项目，反映企业经营业务发生的实际成本。本项目应根据“主营业务成本”和“其他业务成本”账户的发生额分析填列。

（3）“营业税金及附加”项目，反映企业经营业务应负担的营业税、消费税、城市维护建设税、资源税、土地增值税和教育费附加等。本项目应根据“营业税金及附加”账户的发生额分析填列。

（4）“销售费用”项目，反映企业在销售商品和商品流通企业在购入商品等过程中发生的费用。本项目应根据“销售费用”账户的发生额分析填列。

（5）“管理费用”项目，反映企业行政管理等部门所发生的费用。本项目应根据“管理费用”账户的发生额分析填列。

（6）“财务费用”项目，反映企业发生的利息费用等。本项目应根据“财务费用”账户的发生额分析填列。

（7）“资产减值损失”项目，反映企业发生的各项减值损失。本项目应根据“资产减值损失”账户的发生额分析填列。

（8）“公允价值变动损益”项目，反映企业交易性金融资产等公允价值变动所形成的当期利得和损失。本项目应根据“公允价值变动损益”账户的发生额分析填列。

（9）“投资收益”项目，反映企业以各种方式对外投资所取得的收益。本项目应根据“投资收益”账户的发生额分析填列；如为投资损失，以“－”号填列。

（10）“营业利润”项目，反映企业实现的营业利润。如为亏损，本项目以“－”号填列。

（11）“营业外收入”项目和“营业外支出”项目，反映企业发生的与其生产经营无直接关系的各项收入和支出。这两个项目应分别根据“营业外收入”账户和“营业外支出”账户的发生额分析填列。

（12）“利润总额”项目，反映企业实现的利润。如为亏损，本项目以“－”号填列。

（13）“所得税费用”项目，反映企业按规定从本期损益中减去的所得税。本项目应根据“所得税费用”账户的发生额分析填列。

（14）“净利润”项目，反映企业应当实现的净利润，如为亏损，本项目以“－”号填列。

多步式利润表的优点在于，便于对企业利润形成的渠道进行分析，明晰盈利的主要因素或亏损的主要原因，使管理更具有针对性，同时也有利于不同企业之间进行比较，还可以预测企业未来的盈利能力。

三、利润表与资产负债表的关系

利润表与资产负债表的关系表现在以下四个方面：

（1）利润表是按照“收入－费用＝利润”编制的，它反映的是一个会计期间内会计主体经营活动的成果。

（2）资产负债表是按照“资产＝负债＋所有者权益”编制的，它反映的是某一时点会计主体全部资产的分布状况及其相应来源。

（3）由于等式“收入－费用＝利润”的结果既会在利润表中反映，也会在资产负债表中反映，它们之间的联系可以用等式“资产＝负债＋所有者权益＋收入－费用”来表示。

（4）资产负债表所有者权益部分“未分配利润”年初、年末数等于利润分配表中利润分配部分的“年初未分配利润”、“年末未分配利润”，年度之中，资产负债表所有者权益部分“未分配利润”期末数等于年初未分配利润与利润表的净利润之和。

模块二　综合实训

项目一　综合模拟实训概述

【实训目的】

通过本项实训，学生可以全面了解和掌握企业会计核算的基本理论、基本知识和基本方法；全面了解和掌握从购买会计核算资料、建立会计核算体系到编制会计报表的整个过程的手工操作办法。模拟实训项目具有较强的直观性和真实性，能有效解决课堂理论教学与实践教学相脱节的矛盾。

【实训要求】

结合教材认识企业的基本概况；结合教材和已学知识，熟练运用相关的会计核算原则、会计核算方法。了解会计实际操作的初始化工作，财务部门与企业内部其他部门之间的关系，以及与有经济业务往来的外部各有关单位之间的关系。

明确各会计岗位的基本职责，熟悉凭证在各个会计岗位之间的传递程序和方式，掌握会计档案的整理、装订和归档的办法。

掌握各经济业务的账务处理过程及方法。

任务一　了解综合模拟实训的基本前提

按照中等职业教育教学计划，本套模拟实训教材适用于“会计”和“会计电算化”专业学生，学生在学完《企业财务会计》相关课程之后可以进行模拟实训。

任务二 熟悉模拟实训企业的基本概况

一、单位资料

企业名称	广州市大华有限公司
企业类型	工业企业
法人代表	张小明
会计主管	王五
会计	李四
出纳	张三
地址	广州市越秀路 9 号
电话	020－85940650
纳税人识别号	440108976453210
开户银行及账号	中国工商工行广州越秀支行　5388279900887
主营业务	生产销售甲、乙、丙产品

预留银行印鉴：

二、核算资料

广州市大华有限公司为增值税一般纳税人。适用增值税税率 17%，所得税税率为 25%。该公司的辅助生产车间规模很小，不单独设置“制造费用”账户核算其发生的制造费用。大量生产甲、乙、丙三种产品，工艺过程属于单步骤生产，银行核定本公司库存现金限额为 5 000 元。

任务三　明确综合模拟实训的具体要求

一、核算要求

（1）采用权责发生制原则；
（2）采用通用记账凭证；
（3）采用科目汇总表核算程序，每 10 日汇总一次；
（4）开设网上银行结算方式；
（5）坏账损失采用备抵法；
（6）A、B 材料采用计划成本计价，收入材料成本差异采用逐笔结转，发出材料成本差异月末一次结转；C 材料采用实际成本计价，先进先出法；
（7）库存商品采用实际成本计价，发出商品成本采用加权平均法计算；
（8）成本核算采用品种法。

二、实训要求

（1）列入《企业财务会计》课程教学计划，在学期结束前的一个月内完成；
（2）独立完成 12 月份及其年末的会计核算工作；
（3）以业余时间为主，课内老师辅导为辅。

任务四　明确综合模拟实训的评价办法

（1）购买的实训资料。集中购买或小组购买，对数量、质量和价格比较评价。
（2）编写的经济业务。要求学生根据自制原始凭证和外来原始凭证编写出全套经济业务。经济业务总量不能遗漏，经济业务的时间、内容、数量、金额和结算方式不能遗漏。
（3）编制的记账凭证。要求书写清晰规范、内容要素齐全完整。
（4）编制的科目汇总表。要求格式规范、数字准确、书写清晰、要素齐全。
（5）登记的账簿。要求内容完整、项目齐全、书写清晰规范。
（6）编制的会计报表。要求项目齐全、数字准确、书写规范。
（7）整理装订的资料。要求内容完整、上交及时。
（8）上交实训报告。要求 1 000 字以上、电脑打印、统一排版，书面和电子版一起上交，内容新颖全面。

项目二 综合实训初始准备

【实训目的】

通过本项实训，学生全面了解会计实际操作的初始化工作，为以后新进企业工作学会构建企业会计核算体系打下坚实的基础。

【实训要求】

让学生知道怎样购买会计用品。可以集中购买，也可以分小组购买。

任务一 准备模拟实训需要的资料

每位学生需要购买下列实训资料（详见附一参考资料格式）：

（1）通用记账凭证 （130 张）

（2）记账凭证封面 （3 张）

（3）科目汇总表 （6 张）

（4）总分类账 （35 张）

（5）现金日记账、银行存款日记账 （各 1 张）

（6）三栏式通用明细分类账 （35 张）

（7）应交税费（应交增值税）明细分类账 （4 张）

（8）数量、单价、金额三栏式明细分类账 （18 张）

（9）多栏式明细分类账 （18 张）

（10）资产负债表、利润表 （各 1 张）

（11）个人印章、账簿启用表、账簿目录表、装订绳、小夹子、口取纸、档案袋等

任务二 开设账簿、登记期初余额

按照“附一 模拟实训资料”中第一部分“账户及余额资料”内容，开设总分类账户、明细分类账户、现金日记账和银行存款日记账，登记 12 月的期初余额。

项目三　日常账务处理

【实训目的】

通过本项实训，学生学会依据原始凭证编写经济业务，利用外来原始凭证编写记账凭证，同时会用自制原始凭证编制记账凭证；全面掌握日常会计核算程序、核算内容和核算方法。

【实训要求】

1. 根据外来原始凭证和自制原始凭证编写经济业务
2. 在草稿纸上做会计分录，在“附一”的原始凭证编号后面写出经济业务内容
3. 正式编制记账凭证，注意书写格式
4. 同桌互相审核并盖章
5. 编制科目汇总表
6. 登记总分类账、明细分类账、现金日记账和银行存款日记账
7. 对账和财产清查
8. 月末、年末结账

任务一　1—10 日的账务处理

依据“附一　模拟实训资料”中第二部分“原始凭证”内容，按照“实训要求”，完成 1—10 日的会计核算工作。

提示：在原始凭证编号后面写出经济业务内容。

例如：第一笔经济业务的处理过程。

1－1

增值税专用发票

全国统一发票监制章 发票联 广东 国家税务总局

No 23457487

4403022140　　　　开票日期：20××年 12月 01日

购货单位	名称：广州市大华有限公司 纳税人识别号：440108976453210 地址、电话：广州市越秀路9号　020-85940650 开户行及账号：中国工商银行广州越秀支行　5388279900887				密码区	略	
货物或应税劳务名称	规格型号	单位	数量	单价	金额	税率	税额
C材料		kg	100	50.00	5 000.00	17%	850.00
合计					¥5 000.00		¥850.00
价税合计(大写)	⊗伍仟捌佰伍拾元整					(小写)¥5 850.00	
销货单位	名称：东海机械厂 纳税人识别号：440628368234102 地址、电话：深圳市中山路7号　0755-84214123 开户行及账号：深圳市工行中山分理处　5446764214546				备注	东海机械厂 税号：440628368234102 发票专用章	

第三联 记账联 销货方记账凭证

收款人：　　复核：　　开票人：　　销货单位(盖章)：

1－2

银行汇票申请书(存根)　1

申请日期：20××年 12月 01日　　　　第　　号

申请人	广州市大华有限公司	收款人	东海机械厂
账号或地址	5388279900887	账号或地址	5446764214546
用途	购料款	代理付款行	深圳市工行中山分理处
汇票金额	人民币(大写) 伍仟捌佰伍拾元整	千 百 十 万 千 百 十 元 角 分	¥ 5 8 5 0 0 0

中国工商银行股份有限公司广州越秀支行 20××.12.01 转讫

此联申请人留存

备注　　科目　　对方科目　　财务主管　　复核　　经办

1－3

收 料 单

20××年 12月 01日

收料单编号：××××

材料类别：原材料　　　　收料仓库：××××

编号	名称	规格	单位	数量		单价	金额	备注
				应收	实收			
	C材料		kg	100	100	50.00	5 000.00	
合计							¥5 000.00	

②记账联

会计：××　　检验员：××　　保管员：××

（1）根据1－1、1－2、1－3的单据编写经济业务内容。

1.1日，购入C材料100公斤，单位实际成本50元/公斤，增值税率17%，材料已验收入库，货款用银行汇票方式支付。

（2）根据经济业务及单据编制会计分录。

借：原材料——C材料　　5 000

　　应交税费——应交增值税（进项税额）　　850

　贷：其他货币资金——银行汇票存款　　5 850

（3）根据会计分录填制记账凭证。

1－4

记 账 凭 证

20××年 12月 01日　　　　记 字 第 01号

摘要	总账科目	明细科目	√	借方金额										√	贷方金额								
				千	百	十	万	千	百	十	元	角	分		千	百	十	万	千	百	十	元	角	分
购入C材料	原材料	C材料						5	0	0	0	0	0										
购入C材料	应交税费	应交增值税（进项税额）							8	5	0	0	0										
支付C材料款	其他货币资金	银行汇票存款																	5	8	5	0	0	0
合计							¥	5	8	5	0	0	0					¥	5	8	5	0	0	0

附单据3张

账务主管：××　　记账：××　　出纳：××　　审核：××　　制单：张三

任务二　11—20 日的账务处理

依据“附一　模拟实训资料”第二部分“原始凭证”的内容，按照“实训要求”，完成 11—20 日的会计核算工作。

提示：在原始凭证编号后面写出经济业务内容。

任务三　21—31 日的账务处理

依据“附一　模拟实训资料”第二部分“原始凭证”的内容，按照“实训要求”，完成 21—31 日的会计核算工作。

提示：在原始凭证编号后面写出经济业务内容。

项目四　编制会计报表

【实训目的】

通过本项实训，学生全面了解和掌握主要会计报表的编制方法及报送要求。

【实训要求】

以11月30日的余额作为年初余额；采取多步式利润表格式；根据有关账簿资料和规定编制资产负债表和利润表。

任务一　编制资产负债表

（1）填写编制单位、日期，注明金额单位。

（2）根据11月30日的账户余额资料和12月份账户余额资料，采用直接填列法、合计填列法和计算分析法填列资产负债表的“年末余额”和“年初余额”。（假设11月30日资料为年初余额）

任务二　编制利润表

（1）填写编制单位、日期，注明金额单位。

（2）根据损益类账户1—11月累计发生额和全年累计发生额，计算分析填列利润表的“本年金额”和“上年金额”。（假设1—11月累计发生额资料为上年金额）

项目五　整理装订

【实训目的】

通过本项实训，学生能全面了解和掌握整理装订归档会计档案资料的基本技术与要求。

【实训要求】

熟悉操作会计档案的整理、装订和归档的方法。

任务一　整理装订记账凭证

（1）把已经填写审核无误的记账凭证，按照上述汇总要求，分成三本；
（2）把外来原始凭证和自制原始凭证单独切割，附在相应的记账凭证后面；
（3）把相应的科目汇总表附在记账凭证前面；
（4）整理对齐，加上记账凭证封面装订；
（5）填写记账凭证封面。

任务二　整理装订账簿

（1）总分类账、明细分类账和日记账分别装订；
（2）总分类账和日记账采取订本式装订；明细分类账采取活页式；
（3）账页前加上账簿启用表、账簿目录表；
（4）再加上账簿封面装订。
（5）完善相关内容。

任务三　填写档案袋封面

（1）统一档案目录顺序：经济业务内容、记账凭证、总分类账、明细分类账、日记账、会计报表和实训总结共七项；
（2）在档案封面上填写个人资料，并注明学号。

任务四　实训资料装袋上交

（1）同桌之间相互检查实训资料的完整性；
（2）以小组为单位集中上交；
（3）上交时间由老师确定。

附一　模拟实训资料

一、账户及余额资料

20××年11月30日，有关总分类账户和部分明细分类账户的余额及损益类账户1—11月份累计发生额资料见表1、表2。（前及下文所涉图表资料纯属虚构。）

表1　20××年11月30日有关账户余额表

一级科目	二级科目	三、四级科目	借方余额	贷方余额
库存现金			5 000.00	
银行存款	工商银行		611 600.00	
其他货币资金	银行汇票存款		5 850.00	
应收票据			25 000.00	
	A公司		15 000.00	
	B公司		10 000.00	
应收账款			30 000.00	
	C公司		20 000.00	
	D公司		20 000.00	
	E公司			10 000.00
坏账准备				900.00
预付账款	F公司		2 500.00	
其他应收款	存出保证金		18 300.00	
原材料			680 500.00	
	A材料1 500公斤，单位计划成本92元		138 000.00	
	B材料2 500公斤，单位计划成本215元		537 500.00	

（续上表）

一级科目	二级科目	三、四级科目	借方余额	贷方余额
	C材料100公斤，单位实际成本50元		5 000.00	
材料成本差异			66.00	
	A材料		1 468.00	
	B材料			1 402.00
周转材料	包装物	纸箱（100个）	2 000.00	
库存商品			300 000.00	
	甲产品100箱，单位实际成本1 200元		120 000.00	
	乙产品200箱，单位实际成本900元		180 000.00	
生产成本	基本生产成本		20 642.00	
		甲产品	13 657.00	
		（直接材料）	9 286.76	
		（直接人工）	1 229.13	
		（制造费用）	3 141.11	
		乙产品	6 985.00	
		（直接材料）	3 491.00	
		（直接人工）	1 397.60	
		（制造费用）	2 096.40	
固定资产			1 683 000.00	
	生产经营用		1 503 000.00	
	非生产经营用		180 000.00	
累计折旧				260 000.00
在建工程	厂房		1 000 000.00	
无形资产	非专利技术		123 434.00	
累计摊销				20 000.00
短期借款	工商银行			300 000.00
应付票据	银行承兑汇票	F公司		2 000.00
应付账款	F公司			200 000.00
预收账款	Q公司			492.00

（续上表）

一级科目	二级科目	三、四级科目	借方余额	贷方余额
应付职工薪酬				56 000.00
	工资			55 000.00
	职工福利			1 000.00
应付利息				8 000.00
长期借款	工商银行			220 000.00
实收资本				2 561 000.00
盈余公积				200 000.00
	法定盈余公积			130 000.00
	任意盈余公积			70 000.00
本年利润				679 500.00

表2　损益类账户1—11月份累计发生额

会计科目	明细科目	借方余额	贷方余额
主营业务收入		2 700 000.00	2 700 000.00
主营业务成本		1 050 000.00	1 050 000.00
其他业务收入		110 000.00	110 000.00
其他业务成本		70 000.00	70 000.00
营业税金及附加		100 000.00	100 000.00
销售费用		150 000.00	150 000.00
管理费用		500 000.00	500 000.00
财务费用		36 000.00	36 000.00
营业外收入		5 000.00	5 000.00
营业外支出		3 000.00	3 000.00
所得税费用		226 500.00	226 500.00

二、原始凭证

1. 1日，______________________________

____

提示：在原始凭证编号后面写出经济业务内容（下同）。

1－1

增值税专用发票

全国统一发票监制章 广东 国家税务总局

发 票 联

No 23457487

4403022140 开票日期：20××年 12月 01日

购货单位	名称：广州市大华有限公司 纳税人识别号：440108976453210 地址、电话：广州市越秀路9号 020-85940650 开户行及账号：中国工商银行广州越秀支行 5388279900887				密码区	略	
货物或应税劳务名称	规格型号	单位	数量	单价	金额	税率	税额
C材料		kg	100	50.00	5 000.00	17%	850.00
合计					¥5 000.00		¥850.00
价税合计（大写）	⊗伍仟捌佰伍拾元整						（小写）¥5 850.00
销货单位	名称：东海机械厂 纳税人识别号：440628368234102 地址、电话：深圳市中山路7号 0755-84214123 开户行及账号：深圳市工行中山分理处 5446764214546				备注	东海机械厂 税号：440628368234102 发票专用章	

第二联 发票联 购货方记账凭证

收款人： 复核： 开票人： 销货单位（盖章）：

1－2

银行汇票申请书（存根） 1

申请日期：20××年 12月 01日 第 号

申请人	广州市大华有限公司	收款人	东海机械厂
账号或地址	5388279900887	账号或地址	5446764214546
用途	购料款	代理付款行	深圳市工行中山分理处
汇票金额	人民币（大写）伍仟捌佰伍拾元整	百 十 万 千 百 十 元 角 分	¥ 5 8 5 0 0 0
备注		科目 转讫 对方科目 财务主管 复核 经办	

中国工商银行股份有限公司 广州越秀支行 20××.12.01

此联申请人留存

1－3

收料单

20××年 12 月 01 日

收料单编号:××××

材料类别:原材料　　　　收料仓库:××××

编号	名称	规格	单位	数量		单价	金额	备注
				应收	实收			
	C材料		kg	100	100	50.00	5 000.00	
合计							¥5 000.00	

②记账联

会计:××　　检验员:××　　保管员:××

2. 1 日, ______

2－1

联行来账凭证

20××年 12 月 01 日

付款人账号:100116482901335　　付款人名称:G 公司

收款人账号:5388279900887　　收款人名称:广州市大华有限公司

付款人开户行行号:中国工商银行上海分行　　收款人开户行行号:中国工商银行广州越秀支行

发起行行号:……　　发起行名称:中国工商银行上海分行

接收行行号:……　　接收行名称:中国工商银行广州市越秀支行

币　　种:人民币　　交易金额(小写):¥1 500 000.00

交易金额(大写):壹佰伍拾万元整

附　　言:投入资本金

中国工商银行股份有限公司
广州越秀支行

报单日期:20××.12.01　　交付交易序号:……　　业务种类:……

交易种类:……　　入账日志号:……20×× .12.01

转讫

上述款项已代转账,如有疑问请持此单来行面洽。

此致!

3.1 日,______________________________

3-1

中国工商银行 借款借据(入账通知)

20××年 12 月 01 日

收款人	全称	广州市大华有限公司	借款人	全称	广州市大华有限公司
	账号	5388279900887		账号	5388279900887
	开户银行	中国工商银行广州越秀支行		开户银行	中国工商银行广州越秀支行

金额	人民币(大写) 贰拾万元整	亿	千	百	十	万	千	百	十	元	角	分
				¥	2	0	0	0	0	0	0	0

借款原因及用途	流动资金借款	借款计划指	
借款期限			你单位上列借款已转入单位结算内,借款到期时,由我行按期自你单位账户内收回。
期次	计划还款日期	计划还款金额	
1			
2			
3			
备注			

(印章:中国工商银行股份有限公司 广州越秀支行 20××.12.01 转讫)

此联是收款人开户银行交给收款人的收账通知

4.2 日,______________________________

4-1

增值税专用发票

(印章:全国统一发票监制章 发票联 广东 国家税务总局)

№ 45451778

4403023140 开票日期:20××年 12 月 02 日

购货单位	名称:广州市大华有限公司 纳税人识别号:440108976453210 地址、电话:广州市越秀路9号 020-85940650 开户行及账号:中国工商银行广州越秀支行 5388279900887	密码区	略

货物或应税劳务名称	规格型号	单位	数量	单价	金额	税率	税额
A材料		kg	2 000	90.00	180 000.00	17%	30 600.00
合计					¥180 000.00		¥30 600.00
价税合计(大写)	⊗贰拾壹万零陆佰元整						(小写)¥210 600.00

销货单位	名称:J公司 纳税人识别号:440128367534109 地址、电话:深圳市民田路7号 0755-84214128 开户行及账号:深圳市工行福田分理处 100811648290445	备注	(印章:J公司 税号:440128367534109 发票专用章)

收款人: 复核: 开票人: 销货单位(盖章):

第二联 发票联 购货方记账凭证

4－2

客户付款入账通知

20××年 12 月 02 日

交易行：…… 传票号：…… 日志号：……

付款户名：广州市大华有限公司

付款账号：5388279900887

付款开户行：中国工商银行广州越秀支行

收款户名：J 公司

收款账号：10081164829O445

收款开户行：深圳市工行福田分理处

金额大写：贰拾壹万零陆佰元整

金额小写：¥210 600.00

摘要：购 A 材料款

附言：……

（印章：中国工商银行股份有限公司 广州越秀支行 20××.12.01 转讫）

5.2 日，

5－1

增值税专用发票

（印章：全国统一发票监制章 广东 国家税务总局）

发 票 联

No 45451780

4403021140 开票日期：20××年 12 月 02 日

购货单位	名称：广州市大华有限公司 纳税人识别号：440108976453210 地址、电话：广州市越秀路 9 号 020-85940650 开户行及账号：中国工商银行广州越秀支行 5388279900887				密码区	略		
货物或应税劳务名称	规格型号	单位	数量	单价	金额	税率	税额	
B 材料		kg	700	220.00	154 000.00	17%	26 180.00	
合计					¥154 000.00		¥26 180.00	
价税合计（大写）	⊗壹拾捌万零壹佰捌拾元整					（小写）¥180 180.00		
销货单位	名称：J 公司 纳税人识别号：440128367534109 地址、电话：深圳市民田路 7 号 0755-84214128 开户行及账号：深圳市工行福田分理处 100811648290445				备注	（印章：J 公司 税号：440128367534109 发票专用章）		

第二联 发票联 购货方记账凭证

收款人：×× 复核：×× 开票人：×× 销货单位（盖章）：

6.3 日，____

6－1

收　料　单

20××年 12月 03日

收料单编号：××××

材料类别：　　　　　　　　　　　　　　　　　　　　收料仓库：××××

名　称	规　格	单　位	数　量		计划单价	计划成本	实际成本	材料成本差异	
			应　收	实　收				超支	节约
A材料		kg	2 000	2 000	92.00	184 000.00	180 000.00		4 000.00
合　计						¥184 000.0	¥180 000.0		¥4 000.00

②记账联

会计：××　　　　　　检验员：××　　　　　　保管员：××

7.3 日，____

7－1

收　料　单

20××年 12月 03日

收料单编号：××××

材料类别：　　　　　　　　　　　　　　　　　　　　收料仓库：××××

名　称	规　格	单　位	数　量		计划单价	计划成本	实际成本	材料成本差异	
			应　收	实　收				超支	节约
B材料		kg	700	700	215.00	150 500.00	154 000.00	3 500.00	
合　计						¥150 500.0	¥154 000.0	¥3 500.00	

②记账联

会计：××　　　　　　检验员：××　　　　　　保管员：××

8.3 日，____________

8－1

增值税专用发票

全国统一发票监制章 广东 国家税务总局

记 账 联

№ 47457178

4401022140 开票日期：20××年 12 月 03 日

购货单位	名称：广州健民公司 纳税人识别号：4401027267006471 地址、电话：广州市海珠区四季青路20号 020-87702153 开户行及账号：中国工商银行广州海珠支行 7835860000846				密码区	略	
货物或应税劳务名称	规格型号	单位	数量	单价	金额	税率	税额
甲产品		箱	40	2 000.00	80 000.00	17%	13 600.00
合计					¥80 000.00		¥13 600.00
价税合计（大写）	⊗玖万叁仟陆佰元整						（小写）¥93 600.00
销货单位	名称：广州市大华有限公司 纳税人识别号：440108976453210 地址、电话：广州市越秀路9号 开户行及账号：中国工商银行广州越秀支行 5388279900887				备注	广州市大华有限公司 税号：440108976453210 发票专用章	

第四联 记账联 销货方记账凭证

收款人：张三　　复核：王五　　开票人：李四　　销货单位（盖章）：

8－2

联行来账凭证

20××年 12 月 03 日

付款人账号：7835860000846　　付款人名称：广州健民公司

收款人账号：5388279900887　　收款人名称：广州市大华有限公司

付款人开户行行号：中国工商银行广州海珠支行　　收款人开户行行号：中国工商银行广州越秀支行

发起行行号：……　　发起行名称：中国工商银行广州海珠支行

接收行行号……　　接收行名称：中国工商银行广州越秀支行

币　种：人民币　　交易金额（小写）：¥93 600.00

交易金额（大写）：玖万叁仟陆佰元整

附　言：付甲产品款

报单日期：20××.12.03　　交付交易序号：……　　业务种类：……

交易种类：转账支票　　入账日志号：……

中国工商银行股份有限公司 广州越秀支行 20××.12.03 转讫

上述款项已代转账，如有疑问，请持此单来行面洽。

此致！

9.3 日，

9－1

增值税专用发票

全国统一发票监制章 发票 广东 联 国家税务总局

No 01646241

4401021140 开票日期：20××年 12月 3日

购货单位	名称：广州市大华有限公司 纳税人识别号：440108976453210 地址、电话：广州市越秀路9号 020-85940650 开户行及账号：中国工商银行广州越秀支行 5388279900887				密码区	略	
货物或应税劳务名称	规格型号	单位	数量	单价	金额	税率	税额
甲设备		台	1	54 700.00	54 700.00	17%	9 299.00
合计					¥54 700.00		¥9 299.00
价税合计(大写)	⊗陆万叁仟玖佰玖拾玖元整						(小写)¥63 999.00
销货单位	名称：广州光明机械厂 纳税人识别号：440128368234102 地址、电话：广州市中山路7号 020-85227001 开户行及账号：中国工商银行广州天河支行 5400279900682				备注	广州光明机械厂 税号：440128368234102 发票专用章	

收款人：×× 复核：×× 开票人：×× 销货单位(盖章)：

第二联 发票联 购货方记账凭证

9－2

全国联运行业统一发票

全国统一发票监制章 海南 发票联 地方税务局监制

(02089)字 6079346

联运公司地址：海河路10号 电话：020-22336678 邮编：210035 开票日期：20××年 12月 03日

付款单位	广州光明机械厂			联运费用		联运费用	
地址	广州市中山路7号			项目	金额	项目	金额
电话	020-85227001	委托书编号	G032	铁路运杂费		提送货费	
收货单位	广州市大华有限公司			公路运杂费	1 000.00	装卸费	
发货站(港)	到站(港)	经由	中转	水路运杂费		装扣箱费	
货物名称	件数	计费重量		中转运杂费		仓储费	
				保险费		包装管理费	
甲设备	1件			吊车费		业务费	
				邮寄费		票签费	
				小计	1 000.00	小计	
				全程包干费		全程包干费	
合计人民币(大写)	⊗零万壹仟零佰零拾零元零角零分 ¥ 1 000.00						

广州顺通运输公司 税号：440128368234102 发票专用章

开票(加盖本单位发票专用章有效)： 复核：胡成水 收款：黄兰

第二联 发票联

9－3

客户付款入账通知

20××年 12 月 03 日

交易行：……　　传票号：……　　日志号：……

付款户名：广州市大华有限公司

付款账号：5388279900887

付款开户行：中国工商银行广州越秀支行

收款户名：广州光明机械厂

收款账号：5400279900682

收款开户行：中国工商银行广州天河支行

金额大写：陆万肆仟玖佰玖拾玖元整

金额小写：¥64 999.00

摘要：甲设备款

附言：转账支票

中国工商银行股份有限公司
广州越秀支行
20××.12.03
转讫

10. 4 日，＿＿＿＿＿＿＿＿＿＿＿＿＿＿＿＿＿＿

10－1

客户付款入账通知

20××年 12 月 04 日

交易行：……　　传票号：……　　日志号：……

付款户名：广州市大华有限公司

付款账号：5388279900887

付款开户行：中国工商银行广州越秀支行

收款户名：广州第四建筑工程公司

收款账号：5568233377561

收款开户行：中国工商银行广州黄埔支行

金额大写：伍拾柒万元整

金额小写：¥570 000.00

摘要：厂房工程结算款

附言：………

中国工商银行股份有限公司
广州越秀支行
20××.12.04
转讫

11.4 日，______

11－1

固定资产移交清单

20××年 12月 04日

调出单位：广州第四建筑工程公司

调入单位：广州市大华有限公司　　　　转移单位：00273

调拨原因或依据		厂房完工交付使用			评估价值			
固定资产名称	规格及型号	单　位	数　量	预计使用年限	已使用年限	原　值	评估价值	差　额
厂房		座	1			1 570 000.00		

备注：

资产管理部门	广州市大华有限公司（公章）	财务部	广州第四建筑工程公司 移送单位公章
主管： 经办：		主管： 经办：	

会计主管：××　　　　稽核：××　　　　制单：××

12.4 日，______

12－1

借　款　单

20××年 12月 04日

借款单位（个人）：李华		
借款理由：预借差旅费		
借款数额：人民币（大写）贰仟元整		（小写）¥2 000.00
本单位负责人意见：张小明	广州市大华有限公司	借款人：李华
会计主管核批： 王五	付款方式： 现金 日期：20××年12月04日 现金付讫	出纳： 张三

13.4 日，____

13－1

中国工商银行

现金支票存根

X VI00003106

附加信息________________________

____

出票日期：20××年 12 月 04 日

收款人：广州市大华有限公司

金　额：¥3 500.00

用　途：备用金

单位主管：张小明　　会计：李四

14.4 日，____

14－1

费用支出凭单

20××年 12 月 04 日　　　　　　　　第　　号

摘要及用途	职工王丽报销医药费										
金　额	人民币(大写)壹仟元整									(小写)¥1 000.00	
不能取得单据原因									支付方式	现金	
核准	张小明	会计	李四	出纳	张三	主管		验收		经手	王丽

广州市大华有限公司　日期：20××年12月04日　现金付讫

15.4 日，____

15－1

客户付款入账通知

20××年 12 月 04 日

交易行：……　　　　传票号：……　　　　日志号：……

付款户名：广州市大华有限公司

付款账号：5388279900887

付款开户行：中国工商银行广州越秀支行

收款户名：F 公司

收款账号：5702279909534

收款开户行：中国工商银行白云支行

金额大写：贰拾万元整

金额小写：¥200 000.00

摘要：前欠货款

附言：……

中国工商银行股份有限公司 广州越秀支行 20××.12.04 转讫

16.5 日，____

16－1

增值税专用发票

发票联

全国统一发票监制章 广东 国家税务总局

№ 65653450

440102340　　　　开票日期：20××年 12 月 05 日

购货单位	名　　称：广州市大华有限公司 纳税人识别号：440108976453210 地址、电话：广州市越秀路9号　020-85940650 开户行及账号：中国工商银行广州越秀支行 5388279900887					密码区	略	
货物或应税劳务名称	规格型号	单　位	数　量	单　价	金　额	税　率	税　额	
纸箱		个	100	19.00	1 900.00	17%	323.00	
合　计					¥1 900.00		¥323.00	
价税合计(大写)	⊗贰仟贰佰贰拾叁元整						(小写)¥2 223.00	
销货单位	名　　称：南通包装材料厂 纳税人识别号：440128368234102 地址、电话：广州萝岗区科学大道11号　020-84214155 开户行及账号：中国工商银行广州萝岗支行 4231337652103					备注	南通包装材料厂 税号：440128368234102 发票专用章	

第二联 发票联 购货方记账凭证

收款人：××　　复核：××　　开票人：××　　销货单位(盖章)：

16－2

入　库　单(记账联)

20××年 12 月 05 日　　第××号

名　称	单　位	数　量	单　价	金额 百	十	万	千	百	十	元	角	分	备　注
纸箱	个	100	19.00				1	9	0	0	0	0	
合　　计						¥	1	9	0	0	0	0	

附件　　张

主管：王五　　会计：李四　　检验员：××　　保管员：××

16－3

客户付款入账通知

20××年 12 月 05 日

交易行:…… 传票号:…… 日志号:……

付款户名:广州市大华有限公司

付款账号:5388279900887

付款开户行:中国工商银行广州越秀支行

收款户名:南通包装材料厂

收款账号:4231337652103

收款开户行:中国工商银行广州萝岗支行

金额大写:贰仟贰佰贰拾叁元整

金额小写:¥2 223.00

摘要:前欠货款

附言:转账支票

中国工商银行股份有限公司
广州越秀支行
20××.12.05
转讫

17. 5 日，

17－1

商业企业专用发票

发 票 联

票号代码 111000111230

客户名称:广州市大华有限公司 支票号: 发票号码 62001928

编号	商品名称	规格	单位	数量	单价	金额 十	万	千	百	十	元	角	分
	厂部办公用品								3	0	0	0	0
小写金额合计 Total Amount								¥	3	0	0	0	0
大写金额	人民币零拾零万零仟叁佰零拾零元零角零分												

二、付款方收执

新外百货公司
税号:440153211022245
发票专用章

广州市大华有限公司
日期:20××年12月05日
现金付讫

开票单位(盖章) 开票人:×× 20××年 12 月 05 日

18.5 日，

18－1

商业企业专用发票

发 票 联

票号代码 111000111231

客户名称：广州市大华有限公司　　支票号：　　发票号码 62001929

编号	商品名称	规格	单位	数量	单价	金额 十	万	千	百	十	元	角	分
	财务账表用品							2	0	0	0	0	0
小写金额合计							¥	2	0	0	0	0	0
大写金额	人民币零拾零万贰仟零佰零拾零元零角零分												

二、付款方收执

新外百货公司 税号：440153211022245 发票专用章

开票单位(盖章)　　开票人：xx　　20xx年 12 月 05 日

18－2

客户付款入账通知

20××年 12 月 05 日

交易行：……　　传票号：……　　日志号：……

付款户名：广州市大华有限公司

付款账号：5388279900887

付款开户行：中国工商银行广州越秀支行

收款户名：新外百货公司

收款账号：4262233765038

收款开户行：中国工商银行广州萝岗支行

金额大写：贰仟元整

金额小写：¥2 000.00

摘要：购财务账表用品款

附言：转账支票

中国工商银行股份有限公司 广州越秀支行 20××.12.05 转讫

19. 5 日，
19 －1

发 料 单

编号：

购货单位： 20xx年 12月 05日 仓库：

编 号	类 别	材料名称	规 格	单 位	数 量	计划成本		用途或原因
						单 价	金 额	
		A材料		kg	1 000	92.00	92 000	生产甲产品
合 计					1 000	92.00	¥92 000.00	

②记账联

主管：王五 检验员：xx 保管员：xx

20. 5 日，
20 －1

发 料 单

编号：

购货单位： 20xx年 12月 05日 仓库：

编 号	类 别	材料名称	规 格	单 位	数 量	计划成本		用途或原因
						单 价	金 额	
		B材料		kg	840	215.00	180 600.00	生产乙产品
合 计					840	215.00	¥180 600.00	

②记账联

主管：王五 检验员：xx 保管员：xx

20－2

发　料　单

编号：

购货单位：　　　　　　20xx年 12月 05日　　　　　　仓库：

编　号	类　别	材料名称	规　格	单　位	数　量	计划成本		用途或原因
						单　价	金　额	
		B材料		kg	160	215.00	34 400	生产丙产品
合　计					160	215.00	¥34 400.00	

②记账联

主管：王五　　　　检验员：xx　　　　保管员：xx

21. 6日，

21－1

发　料　单

编号：

购货单位：　　　　　　20xx年 12月 05日　　　　　　仓库：

编　号	类　别	材料名称	规　格	单　位	数　量	计划成本		用途或原因
						单　价	金　额	
		C材料		kg	10	50.00	500.00	机修车间领用
		C材料		kg	20	50.00	1 000.00	供水车间领用
合　计					30	50.00	¥1 500.00	

②记账联

主管：王五　　　　检验员：xx　　　　保管员：xx

22.6 日，

22－1

增值税专用发票

（全国统一发票监制章　广东　国家税务总局）

记账联

No 47457179

4401022140　　　　开票日期：20××年 12月 06日

购货单位	名　　称：广州健民公司 纳税人识别号：440102726006471 地址、电话：广州市海珠区四季青路20号 020-87702153 开户行及账号：中国工商银行广州海珠支行 7835860000846				密码区	略	
货物或应税劳务名称	规格型号	单位	数量	单价	金额	税率	税额
A材料		kg	50	110.00	5 500.00	17%	935.00
合　计					¥5 500.00		¥935.00
价税合计（大写）	⊗陆仟肆佰叁拾伍元整						（小写）¥6 435.00
销货单位	名　　称：广州市大华有限公司 纳税人识别号：440108976453210 地址、电话：广州市越秀路9号 020-85940650 开户行及账号：中国工商银行广州越秀支行 5388279900887				备注	（广州市大华有限公司　税号：440108976453210　发票专用章）	

收款人：张三　　　　复核：王五　　　　开票人：李四　　　　销货单位（盖章）：

第四联　记账联　销货方记账凭证

22－2

联行来账凭证

20××年 12月 06日

付款人账号：7835860000846　　　　付款人名称：广州健民公司

收款人账号：5388279900887　　　　收款人名称：广州市大华有限公司

付款人开户行行号：中国工商银行广州海珠支行　　　　收款人开户行行号：中国工商银行广州越秀支行

发起行行号：……　　　　发起行名称：中国工商银行广州海珠支行

接收行行号：……　　　　接收行名称：中国工商银行广州越秀支行

币　　种：人民币　　　　交易金额（小写）：¥6 435.00

交易金额（大写）：陆仟肆佰叁拾伍元整

附　　言：付A材料款

报单日期：20××.12.03　　交付交易序号：……　　业务种类：……

交易种类：……　　入账日记号：……

（中国工商银行股份有限公司　广州越秀支行　20××.12.06　转讫）

上述款项已代转账，如有疑问，请持此单来行面洽。

此致！

23. 6 日，

23 - 1

出 库 单(记账联)

20××年 12 月 06 日 第××号

名称	单位	数量	单价	金额 百	十	万	千	百	十	元	角	分	备注
A材料	kg	50	92.00				4	6	0	0	0	0	销售
合计						¥	4	6	0	0	0	0	

附件×张

主管：王五 会计：李四 检验员：×× 保管员：××

24. 6 日，

24 - 1

费用支出凭单

20××年 12 月 06 日 第 号

摘要及用途	基本生产车间办公费								
金额	人民币(大写)陆拾元整 (小写)¥60.00								
不能取得单据原因	广州市大华有限公司 日期：20××年12月06日 现金付讫					支付方式		现金	
核准	张小明	会计	李四	出纳	张三	主管	验收	经手	赵二

24 - 2

费用支出凭单

20××年 12 月 06 日 第 号

摘要及用途	厂部办公费								
金额	人民币(大写)肆拾元整 (小写)¥40.00								
不能取得单据原因	广州市大华有限公司 日期：20××年12月06日 现金付讫					支付方式		现金	
核准	张小明	会计	李四	出纳	张三	主管	验收	经手	赵二

25. 7 日，______

25 - 1

固定资产清理单

资产类型：非生产设备　　　　　　　　　　　　　　　　交接日期：20××年 12 月 07 日

固定资产名称及规格	甲设备	生产厂家		固定资产编号	214214	固定资产卡片号码	
开始使用时间		1993.06		预计使用时间		大修理情况	
				实际使用时间		修理次数	
清理固定资产的情况							
原　价	55 000.00	已计提的累计折旧	30 000.00	已计提减值准备			
开始清理的时间	20××.11.01	完成清理的时间	20××.12.07				
清理费用				清理的收入			
时　间	凭　证	项　目	金　额	时　间	凭　证	项　目	金　额
固定资产清理的净损益(+ 收益；- 损失)：							

26. 7 日，______

26 - 1

联行来账凭证

20××年 12 月 07 日

付款人账号：7835860000222　　付款人名称：广州金星修理帮

收款人账号：5388279900887　　收款人名称：广州市大华有限公司

付款人开户行行号：中国工商银行广州海珠支行　　收款人开户行行号：中国工商银行广州越秀支行

发起行行号：……　　发起行名称：中国工商银行广州海珠支行

接收行行号：……　　接收行名称：中国工商银行广州越秀支行

币　　种：人民币　　交易金额(小写)：¥31 000.00

交易金额(大写)：叁万壹仟元整

附　　言：甲设备价款

报单日期：20××.12.03　　交付交易序号：……　　业务种类：……

交易种类：转账支票　　入 账 日 志 号：……

中国工商银行股份有限公司
广州越秀支行
20××.12.07
转讫

上述款项已代转账，如有疑问，请持此单来行面洽。

此致！

27. 7 日，＿＿＿＿＿＿＿＿＿＿＿＿＿＿＿＿＿＿

27 -1

费用支出凭单

20xx年 12 月 07 日　　　　　　　　　　　　第　　号

摘要及用途	甲设备清理费用										
金　额	人民币(大写)壹仟元整									(小写)¥1 000.00	
不能取得单据原因								支付方式		现金	
核准	王五	会计	李四	出纳	张三	主管		验收		经手	赵二

广州市大华有限公司　日期：20××年12月07日　现金付讫

28. 7 日，＿＿＿＿＿＿＿＿＿＿＿＿＿＿＿＿＿＿

28 -1

固定资产清理单

资产类型：非生产设备　　　　　　　　　　交接日期：20xx年 12 月 07 日

固定资产名称及规格	甲设备	生产厂家		固定资产编号	214214	固定资产卡片号码	
开始使用的时间		1993.06		预计使用时间		大修理情况	
				实际使用时间		修理次数	
清理固定资产的情况							
原　价	55 000.00		已计提的累计折旧	30 000.00		已计提减值准备	
开始清理的时间		20xx.11.01		完成清理的时间		20xx.12.07	
清理费用				清理的收入			
时　间	凭　证	项　目	金　额	时　间	凭　证	项　目	金　额
20xx.12.07		运费	1 000.00	20xx.12.07		出售	¥31 000.00
固定资产清理的净损益(+ 收益;- 损失)：¥5 000.00							

29. 7 日，______

29－1

费用支出凭单

20××年 12 月 07 日　　　　第　　号

摘要及用途	机修车间办公费										
金　额	人民币(大写)玖拾元整									(小写)¥90.00	
不能取得单据原因									支付方式	现金	
核准	张小明	会计	李四	出纳	张三	主管		验收		经手	赵二

广州市大华有限公司 日期：20××年12月07日 现金付讫

29－2

费用支出凭单

20××年 12 月 07 日　　　　第　　号

摘要及用途	供水车间办公费										
金　额	人民币(大写)捌拾元整									(小写)¥80.00	
不能取得单据原因									支付方式	现金	
核准	张小明	会计	李四	出纳	张三	主管		验收		经手	赵二

广州市大华有限公司 日期：20××年12月07日 现金付讫

30. 7 日，______

30－1

费用支出凭单

20××年 12 月 07 日　　　　第　　号

摘要及用途	职工困难补助费										
金　额	人民币(大写)陆佰元整									(小写)¥600.00	
不能取得单据原因									支付方式	现金	
核准	张小明	会计	李四	出纳	张三	主管		验收		经手	赵二

广州市大华有限公司 日期：20××年12月07日 现金付讫

31. 8 日，________________

31 －1

出　库　单 （记账联）

20××年 12月 08 日　　　　　　　　第××号

名称	单位	数量	单价	金额									备注
				百	十	万	千	百	十	元	角	分	
纸箱	个	50	20.00				1	0	0	0	0	0	包装丙产品
合计						¥	1	0	0	0	0	0	

附件　张

主管：王五　　　　会计：李四　　　　检验员：××　　　　保管员：××

32. 8 日，________________

32 －1

增值税专用发票

全国统一发票监制章 广东 国家税务总局

记　账　联

№ 54854574

4401022140　　　　　　　　开票日期：20××年 12月 08 日

购货单位	名　称：广州市大华有限公司 纳税人识别号：440108976453210 地址、电话：广州市越秀路9号　020-85940650 开户行及账号：中国工商银行广州越秀支行 5388279900887	密码区：略

货物或应税劳务名称	规格型号	单位	数量	单价	金额	税率	税额
纸箱		个	100	19.00	1 900.00	17%	323.00
合计					¥1 900.00		¥323.00
价税合计（大写）	⊗贰仟贰佰贰拾叁元整						（小写）¥2 223.00

销货单位	名　称：南通包装材料厂 纳税人识别号：440128368234108 地址、电话：广州市萝岗区科学大道11号　020-84214155 开户行及账号：中国工商银行广州萝岗支行 4231337652103	备注

南通包装材料厂 税号：440128368234108 发票专用章

收款人：××　　　　复核：××　　　　开票人：××　　　　销货单位（盖章）：

第四联　记账承　购货方记账凭证

32－2

客户付款入账通知

20××年 12 月 08 日

交易行:…… 传票号:…… 日志号:……

付款户名:广州市大华有限公司

付款账号:5388279900887

付款开户行:中国工商银行广州越秀支行

收款户名:南通包装材料厂

收款账号:4231337652103

收款开户行:中国工商银行广州萝岗支行

金额大写:贰仟贰佰贰拾叁元整

金额小写:¥2 223.00

摘要:纸箱款

附言:……

中国工商银行股份有限公司
广州越秀支行
20××.12.08
转讫

32－3

入 库 单 (记账联)

20××年 12月 08日 第××号

名称	单位	数量	单价	金额 百	十	万	千	百	十	元	角	分	备注
纸箱	个	100	19.00				1	9	0	0	0	0	
合计						¥	1	9	0	0	0	0	

附件 张

主管:王五 会计:李四 检验员:×× 保管员:××

33. 9 日，

33－1

差旅费报销单

附件:×张　　　　20××年 12 月 09 日

出差人	李华	共 1 人	职　务	采购员	部　门	采购部	审批人		
出差事由	采购材料			出差	自 20××年 12 月 04 日				
到达地点	上海			日期	至 20××年 12 月 09 日　共 6 天				
项目金额	交通工具				其　他		住宿费	出差补助	
	火　车	汽　车	轮　船	飞　机	餐饮费	会议费	住宿 6 天	天　数	金　额
		800.00					800.00	20	200.00
总计人民币(大写)壹仟捌佰元整								(小写)¥1 800.00	
原借款金额		报销金额		交结余或超支金额　¥200.00					
2 000.00		1 800.00		人民币(大写)贰佰元整					

广州市大华有限公司　日期：20××年12月09日　现金　讫

单位主管:张小明　　财务主管:王五　　会计:李四　　出纳:张三

34. 10 日，

34－1

中国工商银行
现金支票存根
X VI00003101
附加信息
出票日期:20××年 12 月 10 日
收款人:广州市大华有限公司
金　额:¥53 000.00
用　途:准备发放工资
单位主管:张小明　　会计:李四

35. 10 日，____

35 -1

20××年 11 月工资发放表

编制单位：广州市大华有限公司　　　　　　　　　　　　　　　　　　　　　　　　单位：元

部门		应发工资	水电费	房租	实发工资	签名
一车间	生产工人	10 700.00	…	…	…	
	管理人员	2 100.00	…	…	…	
二车间	生产工人	20 000.00	…	…	…	
	管理人员	3 000.00	…	…	…	
辅助车间	机修车间	8 100.00	…	…	…	
	供水车间	4 200.00	…	…	…	
管理部门		5 900.00	…	…	…	
福利部门		1 000.00	…	…	…	
合计		¥55 000.00	¥1 250.00	¥750.00	¥53 000.00	

广州市大华有限公司
日期：20××年12月10日
现金付讫

单位主管：张小明　　　　　　　　复核：王五　　　　　　　　制单：李四

36. 10 日，结转工资中的各种代扣款项。（原始凭证见 35 题）

37. 11 日，____

37 -1

客户付款入账通知

20××年 12 月 11 日

交易行：……　　　传票号：……　　　日志号：……

付款户名：广州市大华有限公司

付款账号：5388279900887

付款开户行：中国工商银行广州越秀支行

收款户名：手续费专户

收款账号：5478102433689

收款开户行：中国工商银行广州市越秀支行

金额大写：壹佰元整

金额小写：¥100.00

摘要：承兑汇票手续费

附言：……

中国工商银行股份有限公司
广州越秀支行
20××.12.11
转讫

38. 12 日，

38－1

特种转账借方凭证

币种：人民币　　　　　20××年 12月 12日

付款人	全　称	广州市大华有限公司	收款人	全　称	广州电话公司
	账　号	5388279900887		账　号	544676421239
	开户行	中国工商银行越秀支行		开户行	广州市白云分理处
金　额	人民币(大写)贰仟元整				¥2 000.00
用　途	代收厂部电话费			中国工商银行股份有限公司 广州越秀支行 20××.12.12 转讫 银行盖章	

客户回单

39. 13 日，

39－1

增值税专用发票

全国统一发票监制章 广东 国家税务总局

记　账　联

№ 47457180

4401022140　　　　开票日期：20××年 12月 13日

购货单位	名　　称：K公司 纳税人识别号：440102726700647 地址、电话：广州市海珠区四季路27号　020-83229831 开户行及账号：中国工商银行广州海珠支行　7836258466130			密码区	略		
货物或应税劳务名称	规格型号	单　位	数　量	单　价	金　额	税　率	税　额
甲产品		箱	60	2 000.00	120 000.00	17%	20 400.00
合　计					¥120 000.00		¥20 400.00
价税合计(大写)	⊗壹拾肆万零肆佰元整					(小写)¥140 400.00	
销货单位	名　　称：广州市大华有限公司 纳税人识别号：440108976453210 地址、电话：广州市越秀路9号　020-85940650 开户行及账号：中国工商银行广州越秀支行　5388279900887			备注	广州市大华有限公司 税号：440108976453210 发票专用章		

第四联　记账联　销货方记账凭证

收款人：张三　　　复核：王五　　　开票人：李四　　　销货单位(盖章)：

39－2

联行来账凭证

20××年 12 月 13 日

付款人账号:7836258466130　　付款人名称:K 公司

收款人账号:5388279900887　　收款人名称:广州市大华有限公司

付款人开户行行号:中国工商银行广州海珠支行　　收款人开户行行号:中国工商银行广州越秀支行

发起行行号:……　　发起行名称:中国工商银行广州海珠支行

接收行行号:……　　接收行名称:中国工商银行广州越秀支行

币　　种:人民币　　交易金额(小写):¥140 400.00

交易金额(大写):壹拾肆万零肆佰元整

附　　言:甲产品款

报单日期:20××.12.13　　交付交易序号:……　　业务种类:……

交易种类:转账支票　　入账日志号:……

中国工商银行股份有限公司
广州越秀支行
20××.12.13
转讫

上述款项已代转账,如有疑问,请持此单来行面洽。

此致!

40. 14 日, ____________________

40－1

增值税专用发票

全国统一发票监制章 广东 国家税务总局

记 账 联

№ 47457181

4401022140　　开票日期:20××年 12月 14日

购货单位	名　称:M 公司 纳税人识别号:440102726471670 地址、电话:广州市海珠区新港东路 20 号　020-83831299 开户行及账号:中国工商银行广州海珠支行　2300054993681			密码区	略		
货物或应税劳务名称	规格型号	单位	数量	单价	金额	税率	税额
乙产品		箱	160	1 250.00	200 000.00	17%	34 000.00
合计					¥200 000.00		¥34 000.00
价税合计(大写)	⊗贰拾叁万肆仟元整				(小写)¥234 000.00		
销货单位	名　称:广州市大华有限公司 纳税人识别号:440108976453210 地址、电话:广州市越秀路 9 号　020-85940650 开户行及账号:中国工商银行广州越秀支行　5388279900887			备注	广州市大华有限公司 税号:440108976453210 发票专用章		

第四联 记账联 销货方记账凭证

收款人:张三　　复核:王五　　开票人:李四　　销货单位(盖章):

40－2

客户付款入账通知

20××年 12 月 14 日

交易行:……　　　　传票号:……　　　　日志号:……

付款户名:广州市大华有限公司

付款账号:5388279900887

付款开户行:中国工商银行广州越秀支行

收款户名:南通运输公司

收款账号:420056876233124

收款开户行:中国工商银行广州萝岗支行

金额大写:贰仟玖佰元整

金额小写:¥2 900.00

摘要:代垫运费

附言:……

中国工商银行股份有限公司
广州越秀支行
20××.12.14
转讫

40－3

托收凭证　(回单联)

委托日期:20××年 12 月 14 日　　　付款期限　　年　月　日

业务类型	委托收款(邮划　电划)　托付承付(邮划　电划)			
付款人 全称	M 公司		收款人 全称	广州市大华有限公司
付款人 账号	2300054993681		收款人 账号	5388279900887
付款人 地址	广东省 广州市 县	开户行：中国工商银行广州海珠支行	收款人 地址	广东省 广州市 县
			开户行	中国工商银行广州越秀支行

金额	人民币(大写)	千	百	十	万	千	百	十	元	角	分
	⊗贰拾叁万陆仟玖佰元整		¥	2	3	6	9	0	0	0	0

款项内容	货款	托收凭据名称	增值税票	附寄单证张数	2
商品运发情况		合同名称号码			
备注:		上列款项已划回收入你方账户内 收款人开户银行签章 年　月　日			
复核		记账			

中国工商银行股份有限公司
广州越秀支行
20××.12.14
转讫

41. 15 日，______

41 -1

增值税专用发票

全国统一发票监制章　广东　国家税务总局

记账联

No 47457182

4401022140　　　　开票日期：20××年 12月 15日

购货单位	名　　称：N公司 纳税人识别号：440102771267006 地 址 、电 话：广州市白云区人民路24号　020-83221983 开户行及账号：中国工商银行白云支行　1009456786331					密码区	略
货物或应税劳务名称	规格型号	单位	数量	单价	金额	税率	税额
甲产品		箱	80	2 000.00	160 000.00	17%	27 200.00
合　计					¥160 000.00		¥27 200.00
价税合计(大写)	⊗壹拾捌万柒仟贰佰元整						(小写)¥187 200.00
销货单位	名　　称：广州市大华有限公司 纳税人识别号：440108976453210 地 址 、电 话：广州市越秀路9号　020-85940650 开户行及账号：中国工商银行广州越秀支行　5388279900887					备注	广州市大华有限公司 税号：440108976453210 发票专用章

收款人：张三　　复核：王五　　开票人：李四　　销货单位(盖章)：

第四联　记账联　销货方记账凭证

41 -2

商业承兑汇票　2

出票日期(大写)贰零××年壹拾贰月壹拾伍日　　$\frac{A}{0}$ $\frac{A}{1}$　　15502102

付款人	全　称	N公司	收款人	全　称	广州市大华有限公司
	账　号	1009456786331		账　号	5388279900887
	开户银行	中国工商银行白云支行		开户银行	中国工商银行广州越秀支行
出票金额	人民币(大写)	⊗壹拾捌万柒仟贰佰元整			亿 千 百 十 万 千 百 十 元 角 分 ¥ 1 8 7 2 0 0 0 0
汇票到期日(大写)	贰零××年叁月壹拾伍日		付款人开户行	行　号	
交易合同号码				地　址	
本汇票已经承兑，到期无条件支付票款 广州市大华有限公司 财务专用章　张小明印 承兑人签章 承兑日期　　年　月　日			本汇票请予以承兑于到期日付款 广州市大华有限公司 财务专用章　张小明印 出票人签章		

开票人开户行随托收凭证寄付款人开户行作借方凭证

42. 16 日，____

42－1

联行来账凭证

20××年 12 月 16 日

付款人账号：7835860000833　　付款人名称：A 公司

收款人账号：5388279900887　　收款人名称：广州市大华有限公司

付款人开户行行号：中国工商银行广州海珠支行　　收款人开户行行号：中国工商银行广州越秀支行

发起行行号：……　　发起行名称：中国工商银行广州海珠支行

接收行行号：……　　接收行名称：中国工商银行广州越秀支行

币　　种：人民币　　交易金额（小写）：¥15 000.00

交易金额（大写）：壹万伍仟元整

附　　言：Ⅷ02154654 商业承兑汇票款

报单日期：20××.12.16　　交付交易序号：……　　业务种类：……

交易种类：……　　入 账 日 志 号：……

中国工商银行股份有限公司
广州越秀支行
20××.12.16
转讫

上述款项已代转账，如有疑问，请持此单来行面洽。

此致！

43. 17 日，____

43－1

联行来账凭证

20××年 12 月 17 日

付款人账号：7835860222847　　付款人名称：D 公司

收款人账号：5388279900887　　收款人名称：广州市大华有限公司

付款人开户行行号：中国工商银行上海分行　　收款人开户行行号：中国工商银行广州越秀支行

发起行行号：……　　发起行名称：中国工商银行上海分行

接收行行号：……　　接收行名称：中国工商银行广州越秀支行

币　　种：人民币　　交易金额（小写）：¥10 000.00

交易金额（大写）：壹万元整

附　　言：前欠货款

报单日期：20××.12.17　　交付交易序号：……　　业务种类：……

交易种类：……　　入 账 日 志 号：……

中国工商银行股份有限公司
广州越秀支行
20××.12.17
转讫

上述款项已代转账，如有疑问，请持此单来行面洽。

此致！

44. 19 日，

44－1

商业企业专用发票

发 票 联

票号代码 111000111239

客户名称：广州市大华有限公司　　支票号：　　发票号码 62001930

编号	商品名称	规格	单位	数量	单价	金额 十	万	千	百	十	元	角	分
	广部办公用品								2	0	0	0	0
小写金额合计								¥	2	0	0	0	0
大写金额	人民币零拾零万零仟贰佰零拾零元零角零分												

二、付款方收执

广州市大华有限公司 日期：20××年12月19日 现金付讫

新外百货公司 税号：440153211022245 发票专用章

开票单位(盖章)　　开票人：××　　20××年 12 月 19 日

45. 20 日，

45－1

增值税专用发票

全国统一发票监制章 广东 国家税务总局

发 票 联

№ 78458415

4403022140　　开票日期：20××年 12 月 20 日

购货单位：
- 名　　称：广州市大华有限公司
- 纳税人识别号：440108976453210
- 地址、电话：广州市越秀路9号　020-85940650
- 开户行及账号：中国工商银行越秀支行　5388279900887

密码区：略

货物或应税劳务名称	规格型号	单位	数量	单价	金额	税率	税额
A材料		kg	100	91.00	9 100.00	17%	1 547.00
合计					¥9 100.00		¥1 547.00

价税合计(大写)：⊗壹万零陆佰肆拾柒元整　　(小写)¥10 647.00

销货单位：
- 名　　称：J公司
- 纳税人识别号：440128367534109
- 地址、电话：深圳市民田路7号　0755-84214128
- 开户行及账号：深圳市工行福田分理处　100811648290445

备注：J公司 税号：440128367534109 发票专用章

第二联 发票联 购货方记账凭证

收款人：××　　复核：××　　开票人：××　　销货单位(盖章)：

45－2

客户付款入账通知

20××年 12 月 20 日

交易行:……　　传票号:……　　日志号:……

付款户名:广州市大华有限公司

付款账号:5388279900887

付款开户行:中国工商银行广州越秀支行

收款户名:J 公司

收款账号:10081164829044

收款开户行:深圳市工行福田分理处

金额大写:壹万零陆佰肆拾柒元整

金额小写:¥10 647.00

摘要:购 A 材料款

附言:……

中国工商银行股份有限公司
广州越秀支行
20××.12.20
转讫

46. 20 日,______

46－1

增值税专用发票

全国统一发票监制章
发　广东　票　联
国家税务总局

№ 78458416

4401021140　　开票日期:20××年 12 月 20 日

购货单位:
名　　称:广州市大华有限公司
纳税人识别号:440108976453210
地址、电话:广州市越秀路 9 号　020-85940650
开户行及账号:中国工商银行广州越秀支行　5388279900887

密码区:略

货物或应税劳务名称	规格型号	单位	数量	单价	金额	税率	税额
B 材料		kg	100	210.00	21 000.00	17%	3 570.00
合　计					¥21 000.00		¥3 570.00

价税合计(大写):⊗贰万肆仟伍佰柒拾元整　　(小写)¥24 570.00

销货单位:
名　　称:广州金星机械厂
纳税人识别号:440128823410236
地址、电话:广州市海昌路 7 号　020-85667421
开户行及账号:中国工商银行广州白云支行　576421446214321

备注:

广州金星机械厂
税号:440128823410236
发票专用章

收款人:××　　复核:××　　开票人:××　　销货单位(盖章):

第二联　发票联　购货方记账凭证

46－2

客户付款入账通知

20××年 12 月 20 日

交易行：……　　　　　　传票号：……　　　　　　日志号：……

付款户名：广州市大华有限公司

付款账号：5388279900887

付款开户行：中国工商银行广州越秀支行

收款户名：广州金星机械厂

收款账号：5764214462143210

收款开户行：中国工商银行广州白云支行

金额大写：贰万肆仟伍佰柒拾元整

金额小写：¥24 570.00

摘要：购 B 材料款

附言：……

中国工商银行股份有限公司
广州越秀支行
20××.12.20
转讫

47. 20 日，
47－1　，

收　料　单

20××年 12 月 20 日

收料单编号：××××

材料类别：　　　　　　　　　　　　　　　　　　　　收料仓库：××××

名称	规格	单位	数量		计划单价	计划成本	实际成本	材料成本差异	
			应收	实收				超支	节约
A 材料		kg	100	100	92.00	9 200.00	9 100.00		100.00
合计						¥9 200.00	¥9 100.00		¥100.00

② 记账联

会计：李四　　　　　　　　检验员：××　　　　　　　　保管员：××

47 －2

收 料 单

20××年 12 月 20 日

收料单编号：××××

材料类别： 收料仓库：××××

名称	规格	单位	数量		计划单价	计划成本	实际成本	材料成本差异	
			应收	实收				超支	节约
B材料		kg	100	100	215.00	21 500.00	21 000.00		500.00
合计						¥21 500.00	¥21 000.00		¥500.00

②记账联

会计：李四 检验员：×× 保管员：××

48. 21 日，____________________________

48 －1

增值税专用发票

全国统一发票监制章 广东 发票联 国家税务总局

№ 54747784

4401021140 开票日期：20××年 12 月 21 日

购货单位	名称：广州市大华有限公司 纳税人识别号：440108976453210 地址、电话：广州市越秀路 9 号 020-85940650 开户行及账号：中国工商银行越秀支行 5388279900887					密码区	略	
货物或应税劳务名称	规格型号	单位	数量	单价	金额	税率	税额	
C材料		kg	10	48.00	480.00	17%	81.60	
合计					¥480.00		¥81.60	
价税合计(大写)	⊗伍佰陆拾壹元陆角整						(小写)¥561.60	
销货单位	名称：广州天河机械厂 纳税人识别号：440128362823410 地址、电话：广州市林和西路 24 号 020-86221787 开户行及账号：中国工商银行广州天河支行 236648204546234					备注	广州天河机械厂 税号：440128362823410 发票专用章	

第二联 发票联 购货方记账凭证

收款人：×× 复核：×× 开票人：×× 销货单位(盖章)：

48－2

收 料 单

20××年 12月 21日

收料单编号：

材料类别：原材料　　　　收料仓库：

编 号	名 称	规 格	单 位	数 量		单 价	金 额	备 注
				应 收	实 收			
	C材料		kg	10	10	48.00	480.00	
合 计							¥480.00	

②记账联

会计：××　　检验员：××　　保管员：××

48－3

客户付款入账通知

20××年 12月 21日

交易行：……　　传票号：……　　日志号：……

付款户名：广州市大华有限公司

付款账号：5388279900887

付款开户行：中国工商银行广州越秀支行

收款户名：广州天河机械厂

收款账号：23664820454623

收款开户行：中国工商银行广州天河支行

金额大写：伍佰陆拾壹元陆角整

金额小写：¥561.60

摘要：购C材料款

附言：……

中国工商银行股份有限公司
广州越秀支行
20××.12.21
转讫

49. 21 日，______________________________

49－1

固定资产清理单

资产类型：非生产设备　　　　交接日期：20××年 12月 21日

固定资产名称及规格	L设备	生产厂家		固定资产编号	214216	固定资产卡片号码	
开始使用的时间		1993.06		预计使用时间		大修理情况	
				实际使用时间		修理次数	
清理固定资产的情况							
原　价	5 000.00	已计提的累计折旧	3 000.00	已计提减值准备			
开始清理的时间	20××.11.01	完成清理的时间	20××.12.21				
清理费用				清理的收入			
时　间	凭　证	项　目	金　额	时　间	凭　证	项　目	金　额
固定资产清理的净损益(＋收益;－损失)：							

50. 22 日，______________________________

50－1

费用支出凭单

20××年 12月 22日　　　　第　　号

摘要及用途	L设备的清理费用								
金　额	人民币(大写)陆拾元整								(小写)¥60.00
不能取得单据原因							支付方式	现金	
核准	王五	会计	李四	出纳	张三	主管		验收		经手	赵二

广州市大华有限公司
日期：20××年12月22日
现金付讫

51. 22 日，
51－1

收　　据

20××年 12 月 22 日　　　　字　NO 0000357

今收到　废品收购站
交　来　L 设备残料变价收入
人民币　壹佰元整　　　　¥ 100.00
收款单位　　日期:20××年12月22日　　收款人　张三　　　收款人　李明
公　　章　　广州市大华有限公司　　现金付讫
第三联　记账凭证

51－2

固定资产清理单

资产类型：非生产设备　　　　交接日期：20××年 12 月 22 日

固定资产名称及规格	L 设备	生产厂家		固定资产编号	214217	固定资产卡片号码	
开始使用的时间		1993.06		预计使用时间		大修理情况	
				实际使用时间		修理次数	
清理固定资产的情况							
原　价	5 000.00	已计提的累计折旧		3 000.00	已计提减值准备		
开始清理的时间	20××.11.01		完成清理的时间		20××.12.22		
清理费用				清理的收入			
时　间	凭　证	项　目	金　额	时　间	凭　证	项　目	金　额
20××.12.22	50	费用	¥60.00	12.22	51	变价收入	¥100.00
固定资产清理的净损益(+ 收益;－ 损失)：¥－1 960.00							

52. 23 日，________________________________

52 - 1

商业企业专用发票

发　票　联

票号代码　111000111241

客户名称：广州市大华有限公司　　　　支票号：　　　　发票号码　62001935

编　号	商品名称	规　格	单　位	数　量	单　价	金							额
						十	万	千	百	十	元	角	分
	产品广告费							2	0	0	0	0	0
小写金额合计							¥	2	0	0	0·	0	0
大写金额	人民币零拾零万贰仟零佰零拾零元零角零分												

二、付款方收执

新新广告公司　号：440128765368123　发票专用章

开票单位（盖章）　　　　开票人：××　　　　20××年 12 月 23 日

52 - 2

客户付款入账通知

20××年 12 月 23 日

交易行：……　　　　传票号：……　　　　日志号：……

付款户名：广州市大华有限公司

付款账号：5388279900887

付款开户行：中国工商银行广州越秀支行

收款户名：新新广告公司

收款账号：5466482045464

收款开户行：中国工商银行广州天河支行

金额大写：贰仟元整

金额小写：¥2 000.00

摘要：产品广告费

附言：转账支票

中国工商银行股份有限公司　广州越秀支行　20××.12.23　转讫

53. 24 日，________________________________

53 －1

费用支出凭单

20xx年 12月 24日　　　　　　　　　　第　　号

摘要及用途	办公室报销业务招待费										
金　额	人民币(大写)伍佰元整　　　　(小写)¥500.00										
不能取得单据原因	广州市大华有限公司 日期:2011年12月24日 现金付讫								支付方式	现金	
核准	张小明	会计	李四	出纳	张三	主管		验收		经手	张新

53 －2

广东省地方税收通用定额发票
GENERAL QUOTA INVOICE FOR GUANGDONG LOCAL TAXATION
发票联
INVOICE
广东省地方税务局监制
广州市东莆阁餐饮连锁有限公司 440104001273496 发票专用章
发票代码 CODE 244000800443
发票号码 NO. 65981576
伍佰圆
开票日期:20　年　月　日 [illegible]　收款单位(盖章)
DATE Y M D　PAYEE (SEAL)

54. 25 日，

54－1

无形资产摊销计算表

20xx年 12 月 25 日　　　　单元：元

项　目	价　值		入账时间	摊销期限	月摊销额
	原入账价值	已摊销额			
专　利					
非专利技术(出租)	120 000.00		2011.10	10 年	2 000.00
合　计	¥120 000,00				¥2 000.00

② 记账联

负责人：张小明　　复核：王五　　制单：李四

55. 26 日，

55－1

坏账处理报告单

20xx年 12 月 26 日

单位名称	金　额	原　因
D 公司	¥10 000.00	D 公司逾期三年未还款
单位领导意见： 同意 张小明	财会部门意见： 同意 王五	备注：

56. 27 日，

56－1

资产盘点报告单

20xx年 12 月 27 日

类　别	名　称	单　价	盘　盈		盘　亏		原　因	处理结果
			数量(公斤)	金额(元)	数量(公斤)	金额(元)		
存货	C 材料		3	150.00				
合　计				¥150.00				

负责人：张小明　　复核：王五　　制表：李四

57. 27 日，

57－1

固定资产盘点报告单

20××年 12 月 27 日

类别	名称	数量（台）	账面原价（元）	已提折旧（元）	净值（元）	盘盈金额（元）	盘亏金额（元）	原因	处理结果
固定资产	设备	1	80 000.00	70 000.00	10 000.00		10 000.00		
合计							¥10 000.00		

负责人：张小明　　复核：王五　　制单：李四

58. 28 日，

58－1

固定资产盘点报告单

20××年 12 月 28 日

类别	名称	数量（台）	账面原价（元）	已提折旧（元）	净值（元）	盘盈金额（元）	盘亏金额（元）	原因	处理结果
固定资产	设备	1	80 000.00	70 000.00	10 000.00		10 000.00	不明	营业外支出
合计							¥10 000.00		

负责人：张小明　　复核：王五　　制单：李四

59. 28 日，

59－1

资产盘点报告单

20××年 12 月 28 日

类别	名称	单价	盘盈		盘亏		原因	处理结果
			数量（公斤）	金额（元）	数量（公斤）	金额（元）		
存货	C材料		3	150.00			计量差错	管理费用
合计				¥150.00				

负责人：张小明　　复核：王五　　制单：李四

60. 29 日，________________

60－1

商业企业专用发票

发　票　联

票号代码　111000111242

客户名称：广州市大华有限公司　　　　支票号：　　　　发票号码　62001936

编　号	商品名称	规　格	单　位	数　量	单　价	金额 十	万	千	百	十	元	角	分
	产品展览费		m^2	50	40.00			2	0	0	0	0	0
小写金额合计							¥	2	0	0	0	0	0
大写金额	人民币零拾零万贰仟零佰零拾零元零角零分												

二、付款方收执

广州市经贸展览会议中心　税号：40145678211443　发票专用章

开票单位(盖章)　　　　开票人：××　　　　20××年 12 月 29 日

60－2

客户付款入账通知

20××年 12 月 20 日

交易行：……　　　　传票号：……　　　　日志号：……

付款户名：广州市大华有限公司

付款账号：5388279900887

付款开户行：中国工商银行广州越秀支行

收款户名：广州市经贸展览会议中心

收款账号：5446789225431

收款开户行：中国工商银行广州海珠支行

金额大写：贰仟元整

金额小写：¥2 000.00

摘要：产品展览费

附言：转账支票

中国工商银行股份有限公司
广州越秀支行
20××.12.29
转讫

61. 30 日，______________________________

61 - 1

联行来账凭证

20××年 12 月 30 日

付款人账号：7835860000113　　付款人名称：C 公司

收款人账号：5388279900887　　收款人名称：广州市大华有限公司

付款人开户行行号：中行上海分行　　收款人开户行行号：中国工商银行广州越秀支行

发起行行号：……　　发起行名称：中行上海分行

接收行行号：……　　接收行名称：中国工商银行广州越秀支行

币　　种：人民币　　交易金额（小写）：¥20 000.00

交易金额（大写）：贰万元整

附　　言：前欠货款

报单日期：20××.12.30　　交付交易序号：……　　业务种类：……

交易种类：……　　入账日志号：……

中国工商银行股份有限公司
广州越秀支行
20××.12.30
转讫

上述款项已代转账，如有疑问，请持此单来行面洽。

此致！

62. 31 日，______________________________

62 - 1

中国工商银行　借款借据（收账通知）

20××年 12 月 31 日

收款人	全　称	中国工商银行广州越秀支行	借款人	全　称	广州市大华有限公司
	账　号	5238009210836		账　号	5388279900887
	开户银行	中国工商银行广州越秀支行		开户银行	中国工商银行广州越秀支行
金额	人民币（大写）贰拾贰万元整			亿千百十万千百十元角分	¥22000000
借款原因及用途	非流动资金借款	借款计划指标			
借款期限			中国工商银行股份有限公司 广州越秀支行 20××.12.31 转讫		
期　次	计划还款日期	计划还款金额			
1					
2					

63. 31 日，____

63－1

费用摊销计算表

20××年 12 月 31 日

单元:元

项　目	金　额	计入科目	对应科目	备　注
短期借款利息	4 000.00	财务费用	应付利息	
合　计	¥4 000.00			

64. 31 日，____

64－1

中国工商银行计算利息清单 3

20××年 12 月 31 日

<table>
<tr><td>户　名</td><td colspan="3">广州市大华有限公司</td><td>账　号</td><td>5388279900887</td></tr>
<tr><td>开户银行</td><td colspan="5">中国工商银行广州越秀支行</td></tr>
<tr><td>起息日期</td><td>结息日期</td><td>天　数</td><td>积　数
千 百 十 万 千 百 十 元 角 分</td><td>利　率</td><td>利　息
百 十 万 千 百 十 元 角 分</td></tr>
<tr><td>20××.10.01</td><td>20××.12.31</td><td></td><td></td><td>0.9%</td><td>¥ 1 2 0 0 0 0 0</td></tr>
<tr><td colspan="4">上列贷款利息，已从你单位 5388279900887 存款户中支付。
（银行盖章）　20××年 12 月 31 日</td><td colspan="2">会计分录：
科　　目________
对方科目________
复核员：　　　记账员：</td></tr>
</table>

中国工商银行股份有限公司
广州越秀支行
20×2.12.31
转讫

第三联 借款人账户支款通知

65. 31 日 ________________________________

65－1

中国工商银行计算利息清单 2

20××年 12 月 31 日

户 名	广州市大华有限公司			账 号	5388279900887
开户银行	中国工商银行广州越秀支行				
起息日期	结息日期	天 数	积 数（千 百 十 万 千 百 十 元 角 分）	利 率	利 息（百 十 万 千 百 十 元 角 分）
20××.10.01	20××.12.31			0.8%	¥ 2 0 0 0 0 0
上列利息，已存入你单位 5388279900887 存款户中。 （银行盖章） 20××年 12 月 31 日			会计分录： 科 目________ 对方科目________ 复核员： 记账员：		

中国工商银行股份有限公司 广州越秀支行 20×2.12.31 转讫

第二联 存款人账户收款通知

66. 31 日，________________________________

66－1

增值税专用发票

全国统一发票监制章 广东 国家税务总局

发 票 联

№ 35754575

4401022140 开票日期：20××年 12 月 31 日

购货单位	名 称：广州市大华有限公司 纳税人识别号：440108976453210 地址、电话：广州市越秀路 9 号 020-85940650 开户行及账号：中国工商银行广州越秀支行 5388279900887				密码区	略	
货物或应税劳务名称	规格型号	单 位	数 量	单 价	金 额	税 率	税 额
工业电价		度			6 000.00	17%	1 020.00
合 计					¥6 000.00		¥1 020.00
价税合计（大写）	⊗柒仟零贰壹拾元整						（小写）¥7 020.00
销货单位	名 称：广州供电公司 纳税人识别号：440187954566587 地址、电话：广州市天河路 7 号 020-85468910 开户行及账号：中国工商银行广州天河支行 1363662368412				备注	广州供电公司 税号：440187954566587 发票专用章	

收款人：×× 复核：×× 开票人：×× 销货单位（盖章）：

第二联 发票联 购货方记账凭证

66－2

客户付款入账通知

20××年 12 月 31 日

交易行：……　　传票号：……　　日志号：……

付款户名：广州市大华有限公司

付款账号：5388279900887

付款开户行：中国工商银行广州越秀支行

收款户名：广州供电公司

收款账号：1363662368412

收款开户行：中国工商银行广州天河支行

金额大写：柒仟零贰拾元整

金额小写：¥7 020.00

摘要：电费

附言：……

中国工商银行股份有限公司
广州越秀支行
20××.12.31
转讫

67. 31 日，分配电费 6 000 元。经查电表确定：生产甲产品用电 1 800 度，生产乙产品用电 1 500 度，生产丙产品用电 700 度，基本生产车间照明用电 400 度；机修车间用电 500 度，供水车间用电 400 度；管理部门用电 700 度。

67－1

外购电费分配表

20××年 12 月 31 日

分配对象		电力费用分配		
		分配数量(度)	分配率	分配金额(元)
基本生产成本	甲产品			
	乙产品			
	丙产品			
小　计				
辅助生产成本	机修车间			
	供水车间			
小　计				
制造费用				
管理费用				
合　计				

68. 31 日，本月固定资产应提折旧为 18 000 元。其中：基本生产车间 14 000 元，机修车间 1 000 元，供水车间 1 500 元，行政管理部门 1 500 元。

68－1

固定资产折旧分配表

年　月　日

单位:元

分配对象		分配金额
基本生产成本		
辅助车间	机修车间	
	供水车间	
管理部门		
合　　计		

69. 31 日，年末应收账款余额为____元，按应收账款余额 0.5% 的比例计提坏账准备。

69－1

坏账准备计提表

年　月　日

单位:元

应收款项	应收款项年末借方余额	计提比例(%)	按应收款项计算应提坏账准备金额	调整前“坏账准备”账户期末贷方(+)或借方(-)余额	应提取的坏账准备金
	1	2	3=1×2	4	5=3-4
合　计					

70. 31 日，结转发出 A 材料的材料成本差异（材料成本差异率保留 4 位小数）。
70－1

材料成本差异计算表

年　月　日

单位：元

名　　称	月初结存		本月收入		成本差异率超(+)节(-)	领用材料额	材料成本差异额	应计入账户
	计划成本	成本差异	计划成本	成本差异				
合　　计								

71. 31 日，结转发出 B 材料的材料成本差异（材料成本差异率保留 4 位小数）。
71－1

材料成本差异计算表

年　月　日

单位：元

名　　称	月初结存		本月收入		成本差异率超(+)节(-)	领用材料额	材料成本差异额	应计入账户
	计划成本	成本差异	计划成本	成本差异				
合　　计								

72. 31 日，分配本月职工工资。本月工资总额为 56 000 元，其中：甲产品生产工人工资 13 000 元，乙产品的生产工人工资为 12 000 元，生产丙产品的生产工人工资共为 10 000 元；基本车间管理人员工资 5 000 元，机修车间生产工人工资 5 000 元，供水车间生产工人工资 4 000 元，行政管理人员工资 6 000 元，福利部门人员工资 1 000 元。

72－1

工资成本分配表

年　月　日

编制单位：广州市大华有限公司　　　　单位：元

应借账户		工资总额	备　注
基本生产成本	甲产品		
	乙产品		
	丙产品		
小　计			
辅助车间	机修车间		
	供水车间		
制造费用			
管理部门			
福利部门			
合　计			

73. 31 日，按上述工资总额的 14% 提取职工福利费。

73－1

职工福利费分配表

年　月　日

编制单位：广州市大华有限公司　　　　单位：元

应借账户		工资总额	福利费(14%)
基本生产成本	甲产品		
	乙产品		
	丙产品		
小　计			
辅助车间	机修车间		
	供水车间		
制造费用			
管理部门			
福利部门			
合　计			

74. 31 日，采用直接分配法分配本月辅助生产费用（分配率保留 4 位小数）。本月机修车间实际发生的生产费用为____元，供水车间实际发生的生产费用为____元。各辅助生产部门提供劳务总量及各部门耗用劳务量见下表。

74 - 1

辅助生产部门耗用劳务量表

辅助生产部门	提供劳务量		各部门耗用劳务量			
	单位	总量	机修车间	供水车间	基本生产车间	管理部门
机修车间	小时	1 300		100	900	300
供水车间	吨	10 000	120		9 000	880

74 - 2

辅助生产成本分配表

年　月　日

辅助生产车间名称		机修车间	供水车间	合　　计
待分配的费用				
供应辅助生产以外的劳务量				
分配率				
基本生产车间	耗用数量			
	分配金额			
管理部门	耗用数量			
	分配金额			
分配金额合计				

75. 31 日，分配本月发生的制造费用____元。生产工人工时比例分配（生产甲产品 800 工时，乙产品耗用 600 工时，丙产品耗用 400 工时）（分配率保留 4 位小数）。

75－1

制造费用分配表

年 月 日

应借账户	生产工时(小时)	分配率	分配金额(元)
基本生产成本——甲产品			
基本生产成本——乙产品			
基本生产成本——丙产品			
合计			

76. 31日，采用约当产量法计算本月完工产品成本及月末在产品成本，并结转本月完工产品成本。本月甲、丙产品所耗用的原材料均为生产开始时一次投入，乙产品所耗用的原材料为陆续投入，月末在产品完工程度均为50%（分配率保留4位小数）。

甲产品本月完工90箱，月末在产品20箱；

乙产品本月完工60箱，月末在产品310箱；

丙产品本月未完工。

76－1

产品成本计算单

20xx年12月31日

产品名称：甲产品　　　　单位：元

项目	直接材料	直接人工	制造费用	合计
月初在产品成本				
本期生产成本				
合计				
单位成本				
完工产品成本(　件)				
月末在产品成本(　件)				

76－2

产品成本计算单

20xx年 12月 31日

产品名称：乙产品

单位：元

项目	直接材料	直接人工	制造费用	合计
月初在产品成本				
本期生产成本				
合计				
单位成本				
完工产品成本（件）				
月末在产品成本（件）				

77. 31 日，本月销售甲产品____箱，销售乙产品____箱，按加权平均法结转本月已售产品成本（加权平均单价保留 4 位小数）。

77－1

产品出库单

20xx年 12月 31日　　　　第　　号

名称	单位	数量	单价	金额									用途或原因
				百	十	万	千	百	十	元	角	分	
甲产品	箱												销售
乙产品	箱												销售
合计													

第三联 记账联

主管：王五　　会计：李四　　检验员：xx　　保管员：xx

78. 31 日，结转本月应交未交的增值税额。

78－1

应交税费——应交增值税

借 贷 单位:元

借	贷
进项税额:	销项税额:
本月发生额合计:	本月发生额合计:
转出未交增值税:	

79. 31 日，计算本月应交城市维护建设税和教育费附加，城市维护建设税税率为7%，教育费附加比例为3%。

79－1

税费计算表

年 月 日至 月 日 单位:元

项 目	计税基数			税 率	金 额	计入科目	对应科目
	增值税	营业税	消费税				
	1	2	3	4	5=(1+2+3)×4		
合 计							

80. 31 日，将本月收入类账户余额转入“本年利润”账户。
81. 31 日，将本月费用类账户余额转入“本年利润”账户。
82. 31 日，计算本月应交纳的所得税额（所得税税率为25%），并计算本月的利润总额。
83. 31 日，将本月“所得税费用”账户余额转入“本年利润”账户。
84. 结转本年实现的净利润。
85. 31 日，按本年税后利润 10% 提取法定盈余公积，按本年税后利润 5% 提取任意盈余公积。

86. 31 日，按本年税后利润 30% 向投资者分配利润。

87. 31 日，将“利润分配”有关明细账余额转入“利润分配——未分配利润”账户并计算年末未分配利润。

三、参考资料格式

1. 通用记账凭证

记 账 凭 证

年 月 日　　　　记 字 第 　号

摘 要	总账科目	明细科目	√	借方金额										√	货方金额									
				千	百	十	万	千	百	十	元	角	分		千	百	十	万	千	百	十	元	角	分
合 计																								

附单据 张

账务主管：　　记账：　　出纳：　　审核：　　制单：

2. 记账凭证封面

记账凭证封面

单位名称：

日 期	年 　月
册 数	本月共 　册 　本册是第
张 数	本册自第 　号至第 　号共
附 记	

会计主管：　　装订人：

3. 科目汇总表

科目汇总表

日期： 年 月 日至 年 月 日

凭证起讫号数自 号起至 号止

会计科目	借方金额										√	贷方金额										√
	亿	千	百	十	万	千	百	十	元	角	分		亿	千	百	十	万	千	百	十	元	角	分	

核准： 复核： 记账： 制单：

4. 总分类账

总分类账

年		凭证号数	摘要	对方科目	借方										贷方										借或贷	余额									
月	日				千	百	十	万	千	百	十	元	角	分	千	百	十	万	千	百	十	元	角	分		千	百	十	万	千	百	十	元	角	分

5. 现金日记账、银行存款日记账

现金日记账

年		凭证		摘要	对方科目编码	借方										√	贷方										√	余额									
月	日	字	号			千	百	十	万	千	百	十	元	角	分		千	百	十	万	千	百	十	元	角	分		千	百	十	万	千	百	十	元	角	分

银行存款日记账

年		凭证		结算方式		摘要	借方										√	贷方										√	余额									
月	日	字	号	类	号码		千	百	十	万	千	百	十	元	角	分		千	百	十	万	千	百	十	元	角	分		千	百	十	万	千	百	十	元	角	分

6. 三栏式通用明细分类账

本账页数	
本户页数	

明细分类账

________科目________

年		凭证		摘要	对方科目	借方										贷方										借或贷	余额									
月	日	字	号			千	百	十	万	千	百	十	元	角	分	千	百	十	万	千	百	十	元	角	分		千	百	十	万	千	百	十	元	角	分

7. 应交税费（增值税）明细分类账

应交税费（增值税）明细账

年		凭证		摘要	借方						贷方					借或贷	余额
					合计	进项税额	已交税金	减免税款	出口抵减内销产品应纳税额	转出未交增值税	合计	销项税额	出口退税	进项税额转出	转出多交增值税		
月	日	字	号		千百十万千百十元角分	千百十万千百十元角分	千百十万千百十元角分	千百十万千百十元角分	千百十万千百十元角分	千百十万千百十元角分	千百十万千百十元角分	千百十万千百十元角分	千百十万千百十元角分	千百十万千百十元角分	千百十万千百十元角分		千百十万千百十元角分

8. 数量、单价、金额三栏式明细分类账

最高储存量______

最低储存量______

编号______ 规格______

明细分类账

本账页数	
本户页数	

单位（ ） 名称______

年		凭证		摘要	账页	借方											贷方											借或贷	结存											稽核
月	日	字	号			数量	单价	金额									数量	单价	金额										数量	单价	金额									
								百	十	万	千	百	十	元	角	分			百	十	万	千	百	十	元	角	分				百	十	万	千	百	十	元	角	分	

9. 多栏式明细分类账

明细分类账

本账页数	
本户页数	

科目名称________

年		凭证		摘要	借方	贷方	借或贷	余额	（ ）方							
月	日	字	号		百十万千百十元角分	百十万千百十元角分		百十万千百十元角分	百十万千百十元角分	百十万千百十元角分	百十万千百十元角分	百十万千百十元角分	百十万千百十元角分	百十万千百十元角分	百十万千百十元角分	百十万千百十元角分

10. 资产负债表、利润表（各1张）

10－1

资产负债表

会企01表

编制单位： 年 月 日 单位：元

资 产	期末余额	年初余额	负债和所有者权益（或股东权益）	期末余额	年初余额
流动资产：			流动负债：		
货币资金			短期借款		
交易性金融资产			交易性金融负债		
应收票据			应付票据		
应收账款			应付账款		
预付账款			预收账款		
应收利息			应付职工薪酬		
应收股利			应交税费		
其他应收款			应付利息		
存货			应付股利		
一年内到期的非流动资产			其他应付款		
其他流动资产			一年内到期的非流动负债		
流动资产合计			其他流动负债		
非流动资产：			**流动负债合计**		
可供出售金融资产			非流动负债		
持有至到期投资			长期借款		
长期应收款			应付债券		
长期股权投资			长期应付款		
投资性房地产			专项应付款		
固定资产			预计负债		
在建工程			递延所得税负债		
工程物资			其他非流动负债		
固定资产清理			**非流动负债合计**		
生产性生物资产			**负债合计**		
油气资产			所有者权益（或股东权益）：		
无形资产			实收资本（或股本）		

（续上表）

资　产	期末余额	年初余额	负债和所有者权益（或股东权益）	期末余额	年初余额
开发支出			资本公积		
商誉			减：库存股		
长期待摊费用			盈余公积		
递延所得税资产			未分配利润		
其他非流动资产			**所有者权益（或股东权益）合计**		
非流动资产合计					
资产总计			**负债和所有者权益（或股东权益）总计**		

10－2

利　润　表

会企 02 表

编制单位：　　　　年　　月　　　　单位：元

项　目	本期金融	上期金融
一、营业收入		
减：营业成本		
营业税金及附加		
销售费用		
管理费用		
财务费用		
资产减值损失		
加：公允价值变动损益（亏损以“－”号填列）		
投资收益（亏损以“－”号填列）		
其中：对联营企业和合营企业的投资收益		
二、营业利润（亏损以“－”号填列）		
加：营业外收入		
减：营业外支出		
其中：非流动资产处置损失		
三、利润总额（亏损总额以“－”号填列）		
减：所得税费用		
四、净利润（净亏损以“－”号填列）		

附二　参考答案

一、经济业务内容参考答案

1.1 日，用银行汇票支付，购入 C 材料 100 公斤，单位实际成本 50 元/公斤，增值税税率 17%，材料验收入库。

2.1 日，收到 G 公司投入资本金 1 500 000 元存入银行。

3.1 日，从工商银行借入短期借款 200 000 元存入银行。

4.2 日，从 J 公司购入 A 材料 2 000 公斤，90 元/公斤，增值税税率 17%，工商银行支付价和税。

5.2 日，从 J 公司购入 B 材料 700 公斤，220 元/公斤，增值税税率 17%，款项尚未支付。

6.3 日，将 A 材料按计划成本验收入库。

7.3 日，将 B 材料按计划成本验收入库。

8.3 日，销售甲产品 40 箱，单位售价 2 000 元，增值税税率 17%。收到转账支票一张送存银行。

9.3 日，购入不需安装的设备一台，价款 54 700 元，增值税税率 17%，运杂费 1 000 元（不考虑税费），用转账支票支付，设备交付使用。

10.4 日，工商银行支付厂房工程结算款 570 000 元。

11.4 日，厂房工程完工，交付使用，已办理竣工手续，固定资产价值 1 570 000 元。

12.4 日，采购员李华借支差旅费 2 000 元，以现金支付。

13.4 日，开现金支票 3 500 元，从银行提取现金备用。

14.4 日，职工王丽报销职工医药费 1 000 元，以现金支付。

15.4 日，银行支付前欠 F 公司货款 200 000 元。

16.5 日，用转账支票购入纸箱 100 个，19 元/个，增值税税率 17%。纸箱已按实际成本验收入库，准备用于包装产品。

17.5 日，购入厂部用办公用品 300 元，以现金支付。

18.5 日，用转账支票购入财务账表用品 2 000 元交财会部门使用。

19.5 日，生产甲产品领用 A 材料 1 000 公斤，单位计划成本 92 元。

20.5 日，生产产品领用 B 材料 1 000 公斤，单位计划成本 215 元，用于生产乙产品和丙产品。乙产品材料定额消耗量为 840 公斤，丙产品材料定额消耗量为 160 公斤。

21.6 日，发出 C 材料 30 公斤；单位实际成本 50 元，计 1 500 元。其中辅助车间机修车间领用10公斤，供水车间领用20公斤。

22.6日，向广州健民公司出售A材料50公斤，售价110元/公斤，增值税税率17%，款项收到送存银行。

23.6日，按计划成本结转已售A材料成本。

24.6日，用现金支付办公费100元，其中：基本生产车间办公费60元，厂部办公费40元。

25.7日，出售非生产用甲设备一台，原价55 000元，已提折旧30 000元，结转固定资产清理。

26.7日，上题非生产用甲设备售价31 000元，收到转账支票一张，款项存入银行。

27.7日，出售固定资产的费用1 000元，用现金支付。

28.7日，结转出售甲设备实现的净收益。

29.7日，用现金支付机修车间办公费90元，供水车间办公费80元。

30.7日，以现金支付职工困难补助费600元。

31.8日，生产车间领用50个纸箱用于包装丙产品，按先进先出法计算发出纸箱的实际成本（下同）（采用一次摊销法）。

32.8日，购入纸箱100个，19元/个，增值税税率17%，纸箱已入库，以转账支票支付。

33.9日，采购员李华出差回来，报销差旅费1 800元，退回现金200元。

34.10日，向银行提取现金53 000元，备发上月工资。

35.10日，支付上月应付工资53 000元。

36.10日，结转工资中的各种代扣款项。分别为：水电费1 250元；房租费750元。（原始凭证见35题）

37.11日，向银行办理业务交纳手续费100元。

38.12日，接到银行付款通知，支付本月厂部电话费2 000元。

39.13日，向K公司销售甲产品60箱，单位售价2 000元，增值税税率17%。收到转账支票一张送存银行。

40.14日，向M公司销售乙产品160箱，单位售价1 250元，增值税税率17%，用银行转账支票代垫运杂费2 900元，已办妥托收手续。

41.15日，向N公司销售甲产品80箱，单位售价2 000元，增值税税率17%，收到对方签发的为期3个月、面值187 200元的商业承兑汇票一张。

42.16日，A公司签发的面值为15 000元的商业承兑汇票到期，票款收妥存入银行。

43.17日，收到D公司归还的前欠货款10 000元，存入银行。

44.19日，厂办公室报销购买办公用品200元，以现金支付。

45.20日，购入A材料100公斤，91元/公斤，增值税税率17%，工商银行支付价和税。

46.20日，购入B材料100公斤，210元/公斤，增值税税率17%，银行存款支付。

47.20日，将A、B两种材料按计划成本验收入库。

48.21日，购入C材料10公斤，单位实际成本48元，增值税税率17%，材料验收入库，款项银行支付。

49. 21 日，报废生产经营使用 L 设备一台，原价 5 000 元，已提折旧 3 000 元，结转固定资产清理。

50. 22 日，报废的 L 设备用现金支付清理费用 60 元。

51. 22 日，报废 L 设备残料变价收入现金 100 元；同时结转固定资产清理损益。

52. 23 日，用转账支票支付产品广告费 2 000 元。

53. 24 日，公司办公室报销业务招待费 500 元，用现金支付。

54. 25 日，本月摊销非专利技术价值 2 000 元。

55. 26 日，应收账款中 D 公司欠款 10 000 元，逾期三年尚未归还，确认为坏账。

56. 27 日，经财产清查，发现 C 材料盘盈 3 公斤，单位实际成本 50 元。

57. 27 日，盘亏设备一台，账面原价 80 000 元，已提折旧 70 000 元。

58. 28 日，经查明审批，盘亏设备转作营业外支出。

59. 28 日，经查明审批，C 材料盘盈是计量差错造成，盘盈转入管理费用。

60. 29 日，用转账支票支付产品展览费 2 000 元。

61. 30 日，收到 C 公司归还的前欠货款 20 000 元，存入银行。

62. 31 日，银行存款归还长期借款本金 220 000 元。

63. 31 日，预提本月应负担的短期借款利息 4 000 元。

64. 31 日，接到银行付款通知，本季度短期借款利息 12 000 元已支付。

65. 31 日，接到银行通知，本季度存款利息 2 000 元已转入银行存款户。

66. 31 日，收到银行转来市供电局的电费付款通知，支付本月电费 7 020 元（其中：电费价款 6 000 元，增值税 1 020 元）。（第 66—87 笔经济业务参见“原始凭证”部分）。

二、模拟实训分录参考答案

1. 借：原材料——C 材料　　5 000
　　应交税费——应交增值税（进项税额）　　850
　贷：其他货币资金——银行汇票存款　　5 850

2. 借：银行存款——工商银行　　1 500 000
　贷：实收资本　　1 500 000

3. 借：银行存款——工商银行　　200 000
　贷：短期借款——工商银行　　200 000

4. 借：材料采购——A 材料　　180 000
　　应交税费——应交增值税（进项税额）　　30 600
　贷：银行存款——工商银行　　210 600

5. 借：材料采购——B 材料　　154 000
　　应交税费——应交增值税（进项税额）　　26 180
　贷：应付账款——J 公司　　180 180

6. 借：原材料——A 材料 184 000
   贷：材料采购——A 材料 180 000
       材料成本差异——A 材料 4 000
7. 借：原材料——B 材料 150 500
       材料成本差异——B 材料 3 500
   贷：材料采购——B 材料 154 000
8. 借：银行存款——工商银行 93 600
   贷：主营业务收入——甲产品 80 000
       应交税费——应交增值税（销项税额） 13 600
9. 借：固定资产——生产经营用 54 700
       应交税费——应交增值税（进项税额） 9 299
   贷：银行存款——工商银行 63 999
10. 借：在建工程——厂房 570 000
    贷：银行存款——工商银行 570 000
11. 借：固定资产——生产经营用 1 570 000
    贷：在建工程——厂房 1 570 000
12. 借：其他应收款——李华 2 000
    贷：库存现金 2 000
13. 借：库存现金 3 500
    贷：银行存款——工商银行 3 500
14. 借：应付职工薪酬——职工福利 1 000
    贷：库存现金 1 000
15. 借：应付账款——F 公司 200 000
    贷：银行存款——工商银行 200 000
16. 借：周转材料——包装物（纸箱） 1 900
        应交税费——应交增值税（进项税额） 323
    贷：银行存款——工商银行 2 223
17. 借：管理费用——办公费 300
    贷：库存现金 300
18. 借：管理费用——办公费 2 000
    贷：银行存款——工商银行 2 000
19. 借：生产成本——基本生产成本——甲产品（直接材料） 92 000
    贷：原材料——A 材料 92 000
20. 借：生产成本——基本生产成本——乙产品（直接材料） 180 600
                                ——丙产品（直接材料） 34 400
    贷：原材料——B 材料 215 000
21. 借：生产成本——辅助生产成本—机修车间（材料费） 500
                ——供水车间（材料费） 1 000

贷：原材料——C 材料　　1 500

22. 借：银行存款——工商银行　　6 435
　　贷：其他业务收入——材料销售　　5 500
　　　　应交税费——应交增值税（销项税额）　　935

23. 借：其他业务成本——材料销售　　4 600
　　贷：原材料——A 材料　　4 600

24. 借：制造费用——办公费　　60
　　　　管理费用——办公费　　40
　　贷：库存现金　　100

25. 借：固定资产清理——甲设备　　25 000
　　　　累计折旧　　30 000
　　贷：固定资产——甲设备　　55 000

26. 借：银行存款——工商银行　　31 000
　　贷：固定资产清理——甲设备　　31 000

27. 借：固定资产清理——甲设备　　1 000
　　贷：库存现金　　1 000

28. 借：固定资产清理——甲设备　　5 000
　　贷：营业外收入——处置非流动资产利得　　5 000

29. 借：生产成本——辅助生产成本——机修车间（办公费）　　90
　　　　　　　　　　　　　　　　——供水车间（办公费）　　80
　　贷：库存现金　　170

30. 借：应付职工薪酬——职工福利　　600
　　贷：库存现金　　600

31. 借：生产成本——基本生产成本——丙产品（直接材料）　　1 000
　　贷：周转材料——包装物（纸箱）　　1 000

32. 借：周转材料——包装物（纸箱）　　1 900
　　　　应交税费——应交增值税（进项税额）　　323
　　贷：银行存款——工商银行　　2 223

33. 借：管理费用——差旅费　　1 800
　　　　库存现金　　200
　　贷：其他应收款——李华　　2 000

34. 借：库存现金　　53 000
　　贷：银行存款——工商银行　　53 000

35. 借：应付职工薪酬——工资　　53 000
　　贷：库存现金　　53 000

36. 借：应付职工薪酬——工资　　2 000
　　贷：其他应付款——代扣水电费　　1 250
　　　　　　　　　——代扣房租费　　750

37\. 借：财务费用——手续费　100
　　贷：银行存款——工商银行　100
38\. 借：管理费用——办公费　2 000
　　贷：银行存款——工商银行　2 000
39\. 借：银行存款——工商银行　140 400
　　贷：主营业务收入——甲产品　120 000
　　　　应交税费——应交增值税（销项税额）　20 400
40\. 借：应收账款——M 公司　236 900
　　贷：主营业务收入——乙产品　200 000
　　　　应交税费——应交增值税（销项税额）　34 000
　　　　银行存款——工商银行　2 900
41\. 借：应收票据——N 公司　187 200
　　贷：主营业务收入——甲产品　160 000
　　　　应交税费——应交增值税（销项税额）　27 200
42\. 借：银行存款——工商银行　15 000
　　贷：应收票据——A 公司　15 000
43\. 借：银行存款——工商银行　10 000
　　贷：应收账款——D 公司　10 000
44\. 借：管理费用——办公费　200
　　贷：库存现金　200
45\. 借：材料采购——A 材料　9 100
　　　应交税费——应交增值税（进项税额）　1 547
　　贷：银行存款——工商银行　10 647
46\. 借：材料采购——B 材料　21 000
　　　应交税费——应交增值税（进项税额）　3 570
　　贷：银行存款——工商银行　24 570
47\. 借：原材料——A 材料　9 200
　　　　　　——B 材料　21 500
　　贷：材料采购——A 材料　9 100
　　　　　　　　——B 材料　21 000
　　　　材料成本差异——A 材料　100
　　　　　　　　　　——B 材料　500
48\. 借：原材料——C 材料　480
　　　应交税费——应交增值税（进项税额）　81.60
　　贷：银行存款——工商银行　561.60
49\. 借：固定资产清理——L 设备　2 000
　　　累计折旧　3 000
　　贷：固定资产——生产经营用　5 000

50. 借：固定资产清理——L 设备 60
    贷：库存现金 60
51. 1/2 借：库存现金 100
    贷：固定资产清理——L 设备 100
   2/2 借：营业外支出——处置非流动资产损失 1 960
    贷：固定资产清理——L 设备 1 960
52. 借：销售费用——广告费 2 000
    贷：银行存款——工商银行 2 000
53. 借：管理费用——业务招待费 500
    贷：库存现金 500
54. 借：管理费用——无形资产摊销 2 000
    贷：累计摊销 2 000
55. 借：坏账准备 10 000
    贷：应收账款——D 公司 10 000
56. 借：原材料——C 材料 150
    贷：待处理财产损溢—— 待处理流动资产损溢 150
57. 借：待处理财产损溢—— 待处理固定资产损溢 10 000
    累计折旧 70 000
    贷：固定资产——生产经营用 80 000
58. 借：营业外支出——固定资产盘亏 10 000
    贷：待处理财产损溢—— 待处理固定资产损溢 10 000
59. 借：待处理财产损溢—— 待处理流动资产损溢 150
    贷：管理费用——物料消耗 150
60. 借：销售费用——产品展览费 2 000
    贷：银行存款——工商银行 2 000
61. 借：银行存款——工商银行 20 000
    贷：应收账款——C 公司 20 000
62. 借：长期借款 220 000
    贷：银行存款——工商银行 220 000
63. 借：财务费用——利息支出 4 000
    贷：应付利息 4 000
64. 借：应付利息 12 000
    贷：银行存款——工商银行 12 000
65. 借：银行存款——工商银行 2 000
    贷：财务费用——利息支出 2 000
66. 借：应付账款——市供电局 6 000
    应交税费——应交增值税（进项税额） 1 020
    贷：银行存款——工商银行 7 020

67. 借：生产成本——基本生产成本——甲产品（直接材料）1 800
——乙产品（直接材料）1 500
——丙产品（直接材料） 700
——辅助生产成本——机修车间（水电费） 500
——供水车间（水电费） 400
制造费用（水电费） 400
管理费用（水电费） 700
贷：应付账款——市供电局 6 000

68. 借：生产成本——辅助生产成本——机修车间（折旧费）1 000
——供水车间（折旧费）1 500
制造费用——折旧费 14 000
管理费用——折旧费 1 500
贷：累计折旧 18 000

69. 按应收款项计算应提坏账准备金额 = 226 900 × 0.5% = 1 134.5
应提取的坏账准备金 = 10 000 − 900 + 1 134.5 = 10 234.5
借：资产减值损失——计提坏账准备 10 234.50
贷：坏账准备 10 234.50

70. A 料差异率 = （−2 632）/（138 000 + 193 200） = −0.0079
甲产品负担的差异额 = 92 000 ×（−0.0079） = −726.80
其他业务成本负担的差异额 = 4 600 ×（−0.0079） = −36.34
借：生产成本——基本生产成本——甲产品（直接材料） [726.80]
其他业务成本——材料销售 [36.34]
贷：材料成本差异——A 材料 [763.14]

71. B 料差异率 = 1598/（537 500 + 172 000） = 0.002 3
乙产品负担的差异额 = 180 600 × 0.002 3 = 415.38
丙产品负担的差异额 = 34 400 × 0.002 3 = 79.12
借：生产成本——基本生产成本——乙产品（直接材料） 415.38
——丙产品（直接材料） 79.12
贷：材料成本差异——B 材料 494.50

72. 借：生产成本——基本生产成本——甲产品（直接人工）13 000
——乙产品（直接人工）12 000
——丙产品（直接人工）10 000
——辅助生产成本——机修车间（工资） 5 000
——供水车间（工资） 4 000
制造费用（职工薪酬） 5 000
管理费用——职工薪酬 6 000
应付职工薪酬——职工福利 1 000

贷：应付职工薪酬——工资　56 000

73. 借：生产成本——基本生产成本——甲产品（直接人工）1 820
——乙产品（直接人工）1 680
——丙产品（直接人工）1 400
——辅助生产成本——机修车间（福利费）　700
——供水车间（福利费）　560
制造费用（职工薪酬）　700
管理费用（职工薪酬）　980
贷：应付职工薪酬——职工福利　7 840

74. 借：制造费用——修理费　5 842. 53
制造费用——水电费　6 868. 80
管理费用——修理费　1947. 47
管理费用——水电费　671. 20
贷：生产成本——辅助生产成本——机修车间（各成本项目）　7 790
——供水车间（各成本项目）　7 540

75. 借：生产成本—基本生产成本——甲产品（制造费用）　14 609. 52
——乙产品（制造费用）　10 957. 14
——丙产品（制造费用）　7 304. 67
贷：制造费用（各成本项目）　32 871. 33

76.（1）甲产品成本计算：

①直接材料 = 9 286. 76 + 92 000 + 1 800 − 726. 8 = 102 359. 96

直接人工 = 1 229. 13 + 13 000 + 1 820 = 16 049. 13

制造费用 = 3 141. 11 + 14 609. 52 = 17 750. 63

②直接材料分配率 = 102 359. 96/（90 + 20）= 930. 545 1

直接人工分配率 = 16 049. 13/（90 + 20 × 50%）= 160. 491 3

制造费用分配率 = 17 750. 63/（90 + 20 × 50%）= 177. 506 3

③甲产品成本：

直接材料成本 = 930. 545 1 × 90 = 83 749. 06

直接人工成本 = 160. 491 3 × 90 = 14 444. 22

制造费用成本 = 177. 506 3 × 90 = 15 975. 57

（2）乙产品成本计算：

①直接材料 = 3 491 + 180 600 + 1 500 + 415. 38 = 186 006. 38

直接人工 = 1 397. 6 + 12 000 + 1 680 = 15 077. 6

制造费用 = 2 096. 4 + 10 957. 14 = 13 053. 54

②直接材料分配率 = 186 009. 38/（60 + 310 × 50%）= 865. 146 0

直接人工分配率 = 15 077. 6/（60 + 310 × 50%）= 70. 128 4

制造费用分配率 = 13 053. 54/（60 + 310 × 50%）= 60. 714 1

③乙产品成本：

直接材料成本 =865.1460×60 =51 908.76

直接人工成本 =70.1284×60 =4 207.70

制造费用成本 =60.7141×60 =3 642.85

1/2 借：库存商品——甲产品　　114 168.85

　贷：生产成本——基本生产成本——甲产品（直接材料）　83 749.06

　（直接人工）　14 444.22

　（制造费用）　15 975.57

2/2 借：库存商品——乙产品　　59 759.31

　贷：生产成本——基本生产成本——乙产品（直接材料）

　51 908.76

　（直接人工）　4 207.70

　（制造费用）　3 642.85

77. 甲产品加权平均单价 =（120 000 +114 168.85）/190 =1 232.467 6

甲产品成本 =1 232.467 6×180 =221 844.17

乙产品加权平均单价 =（180 000 +59 759.31）/260 =922.151 2

乙产品成本 =922.151 2×160 =147 544.19

借：主营业务成本——甲产品　　221 844.17

　——乙产品　　147 544.19

　贷：库存商品——甲产品　　221 844.17

　——乙产品　　147 544.19

78. 借：应交税费——应交增值税（转出未交增值税）　22 341.40

　贷：应交税费——未交增值税　　22 341.40

79. 应交城市维护建设税 =22 341.40×7% = 1 563.90

应交教育费附加 =22 341.40×3% =670.24

借：营业税金及附加——城市维护建设税　　1 563.90

　——教育费附加　　670.24

　贷：应交税费——应交城市维护建设税　　1 563.90

　——教育费附加　　670.24

80. 借：主营业务收入——甲产品　　360 000

　——乙产品　　200 000

　其他业务收入——材料销售　　5 500

　营业外收入——处置非流动资产利得　　5 000

　贷：本年利润　　570 500

81. 借：本年利润　　424 969.33

　贷：主营业务成本——甲产品　　221 844.17

　——乙产品　　147 544.19

　其他业务成本——材料销售　　4 563.66

　营业税金及附加——城市维护建设税　　1 563.90

——教育费附加　670.24

销售费用（各成本项目）　4 000.00

管理费用（各成本项目）　20 488.67

财务费用（各成本项目）　2 100.00

资产减值损失——计提坏账准备　10 234.50

营业外支出——处置非流动资产损失　1 960.00

——固定资产盘亏　10 000.00

82. 本月的利润总额 = 570 500 − 424 969.33 = 145 530.67

本月应交企业所得税 = 145 530.67 × 25% = 36 382.67

借：所得税费用　36 382.67

贷：应交税费——应交所得税　36 382.67

83. 借：本年利润　36 382.67

贷：所得税费用　36 382.67

84. 本年实现的净利润 = 679 500 + 145 530.67 − 36 382.67 = 788 648

借：本年利润　788 648

贷：利润分配——未分配利润　788 648

85. 法定盈余公积 = 788 648 × 10% = 78 864.80

任意盈余公积 = 788 648 × 5% = 39 432.40

借：利润分配——法定盈余公积　78 864.80

——任意盈余公积　39 432.40

贷：盈余公积——法定盈余公积　78 864.80

——任意盈余公积　39 432.40

86. 投资者分配利润 = 788 648 × 30% = 236 594.40

借：利润分配——应付股利　236 594.40

贷：应付股利　236 594.40

87. 年末未分配利润 = 788 648 − 78 864.80 − 39 432.40 − 236 594.40 = 433 756.40

借：利润分配——未分配利润　354 891.60

贷：利润分配——法定盈余公积　78 864.80

——任意盈余公积　39 432.40

——应付股利　236 594.40

参考文献

[1] 葛家澍，耿金岭．企业财务会计．北京：高等教育出版社，2002.

[2] 林云刚，朱建君．出纳会计实务．北京：高等教育出版社，2004.

[3] 张玉森，陈伟清．基础会计（第3版）．北京：高等教育出版社，2008.

[4] 汤乐平，成本会计（第2版）．北京：高等教育出版社，2008.

[5] 财政部会计资格评价中心．初级会计实务——2012年初级会计资格考试教材．北京：中国财政经济出版社，2011.